大师的智慧

梁实秋

蒋晔 著

河北出版传媒集团
河北人民出版社

图书在版编目（CIP）数据

梁实秋 / 蒋晔著. -- 石家庄：河北人民出版社，2017.5
（大师的智慧）
ISBN 978-7-202-07620-0

Ⅰ. ①梁… Ⅱ. ①蒋… Ⅲ. ①梁实秋（1902～1987）-生平事迹 Ⅳ. ①K825.6

中国版本图书馆 CIP 数据核字（2013）第 096255 号

书　　名　大师的智慧——梁实秋
　　　　　　DASHI DE ZHIHUI LIANGSHIQIU
著　　者　蒋　晔

责任编辑　贺秀红
美术编辑　李　欣
封面设计　艺凡设计工作室
责任校对　余尚敏

出版发行　河北出版传媒集团　河北人民出版社
　　　　　（石家庄市友谊北大街 330 号）
印　　刷　河北新华第一印刷有限责任公司
开　　本　787 毫米×1092 毫米　1/16
印　　张　10
字　　数　82 000
版　　次　2017 年 5 月第 1 版　　2017 年 5 月第 1 次印刷
书　　号　ISBN 978 - 7 - 202 - 07620 - 0
定　　价　19.00 元

出版说明

二十世纪是中华民族波澜壮阔、生死存续、浴火重生的世纪。本世纪的初始，就是《辛丑条约》的签订，清政府向列强出卖主权，赔款白银九亿八千万两，神州大地被列强豆剖瓜分，上海黄浦公园的门口竖起“华人与狗不得入内”的牌子，亡国灭种的威胁摆在每一个中国人的面前。

“尧之都，舜之壤，禹之封。于中应有，一个半个耻臣戎。”（陈亮语）富有自强不息传统的中国人从鸦片战争就开始了救亡图存的不懈奋斗。经过一百多年、成千上万人的流血牺牲，终于在1949年迎来了新中国的成立。

“千秋耻，终已雪。中兴业，待人杰。”（冯友兰语）从那时到现在，华夏儿女又开始了民族复兴的伟业。虽然历经反右派、三年大饥荒、十年内乱的曲折，在上世纪八十年代初进入了改革开放的伟大时代，中华民族开始跨越发展，迅速崛起，在21世纪初成为综合国力强盛的大国、强国，国际地位空前提高，国家影响日益扩大。

一百年来，从南方到北国，从大陆到海外，东西南北中，工农商学兵，各行各业，涌现了成百上千的名家大师，他们以各自的智慧为民族的解放，国家的强盛，人民的幸福做出了巨大的贡献。回顾他们的人生，汲取他们的智慧是一项极有意义的工作。

蒋晔先生是我国著名的专栏作家、学者、文化策划人。他从1994年开始采访中国现代文化名人，迄今已采访了三百余人，积累了许多宝贵的资料，出版了数种文化名人访谈录，在文化界和读者中产生了相当的影响。

我社与蒋先生的合作始于2007年的《我的心是一面镜子》一书。2008年合作推出《文化名人人生智慧丛书》，受到了文化界和读者热烈欢迎。从本辑起，为简洁易记更名“大师的智慧”。本丛书的特点是“小故事，大智慧”，通过大师的精彩故事，阐发他们的人生智慧，给读者以启迪。该丛书每辑十册，介绍十位大师，敬请读者留意。

河北人民出版社

2012年7月

序言　五十知天命

本丛书能够得以和读者见面，不能不提到李世琦兄。世琦兄是我北京师范大学历史系的老同学，他因知我、又知河北人民出版社，所以，在他的努力下，开辟了《文化名人人生智慧丛书》这一图书系列。正如他的预测，该丛书已出版的10册，得到大家的厚爱，竟连续获奖，精神文明、物质文明双丰收。这都是我兄世琦的功劳！

这套丛书引起了同在河北人民出版社工作的贺秀红女士的高度关注，在世琦兄引荐下，我得以幸会小贺。多次交流，使我深知小贺热爱此丛书之原因，她心目中所追求的那种生活状态，正需要大师的智慧所指引，她要在编辑此丛书的过程中，升华自己的觉悟，并把大师的智慧，去利益众生。

更让我感动的是，在世琦兄和小贺共同努力下，出版社的诸位高层领导，均大力支持这个《大师的智慧》丛书，希望在更高层面上进行策划、设计与出版，并作出重要批示。这一情景，使我在今年知天命之年到来之时，更加明白了“天命”两字的深刻含义。

“人的命，天注定”“天命不可违”，是两句一俗一雅的古语，是中华民族文化中非常重要的一个思想。何谓“天命”？规律也。

我从1994年开始访问中华文化名人，至今已近20年。从当年的全国非常少见的、带有系列性的、在报纸发表的“独”家访谈，到现在的各家报社、杂志、电视、网络，都特别重视“大师的智慧”，此乃“天命”也。众人需要智慧，时代需要智慧。人类失去智慧，世界将会怎样？肯定是毁灭。作为一个人，在社会上生活，如果没有一点人生智慧，你肯定到处碰壁，一事无成。为了人生的幸福，去寻找智慧吧！大智慧，便是“知天命”。

“知天命”，就是知“天人合一”的关系。在“天人”之间，真正理解：人法地，地法天，天法道，道法自然的规律。人在大自然这个世界、宇宙里，最根本的是要“顺其自然”，而不可能“人定胜天”。“人定胜天”是小聪明，而不是大智慧。

在大自然里，矿物、植物、动物，千奇百怪，丰富多彩。在动物中，人又是其中之一，形形色色，各种各样。这一切都是大自然的造化，你想把这种造化，搞一次“同化”，那是不可能的，这种要“同化”的思维、行动，其方向就是错误的，下再大的力气，也是无用功。理解了“顺其自然”，便会敬畏大自然，便会尊重生物的多样性，尊重世界的多元化，尊重文化上的差异，以“兼和”为哲学基础，去为人类造福。

“兼和”者，兼容众异、得其平衡。对“众异”进行“兼容”，其目的是达到一种“平衡”状态。当代著名哲学家张岱年先生，用毕生精力所总结出来的“兼和”思想，在将来日益显耀。我通过他的弟子、清华大学教授刘鄂培先生，才知其如此重要，便写入了2008年北京奥运会“中国印”摩崖石刻的碑文之中，被国家所确认。“知天命”者，“兼和”也。

“天命不可违”，即是:“兼和不可违”。“人的命，天注定”，即是:“人的命，兼和来注定”。你拥有多少“兼和”思想，你的“命”就“注定”了多少。

我近20年所访问的文化大家，其智慧，可用很多精彩的语言来表达，但归根结底是两个字:“兼和”。这便是大道至简。

蒋　晔

写于北京颐和山庄紫霄园

目 录

梁实秋：最像一朵花

2001年11月7日，我们在北京朝阳区水碓子一座普通公寓里，拜访了我国当代著名文学家、翻译家、教育家梁实秋先生的长女梁文茜女士，那一年她74岁。1948年冬，梁实秋因国共两党政治斗争而离开大陆，和夫人程季淑及16岁的次女梁文蔷一道前往台湾。他22岁的长女梁文茜、19岁的儿子梁文骐都留在了大陆。从此，一家人隔断于海峡两岸，杳无音信，直到25年后的1974年，梁实秋辗转打听到孩子们在大陆的住址，从此转信往来，才知道了彼此的消息。

又过了8年，1982年，随着“文化大革命”“左”倾思想余毒的慢慢消逝，梁文茜才获准赶往美国西雅图她妹妹梁文蔷家，与从台湾专程赶来的父亲梁实秋得以在分别33年之后重聚，父女相见，抱头痛哭。

此时的梁文茜，已从分别时22岁的青年女子，走进了

梁实秋之女梁文茜。

大命之年。梁实秋则从46岁的壮年人，变成了已近耄耋之年的老人。更令人痛心的是，海峡两岸的亲人相见，因政治隔绝之故，却不能在近在咫尺的大陆或台湾得以实现，而要赶到万里之遥的美国去重逢，这不能不说是中国人的悲剧。这种久别重逢，更加说明血浓于水的骨肉之情，是人性中最美好的情感，它将最终战胜破坏人性的一切邪恶。

想家想死

那一天，梁文茜告诉我们：“1982年，我在美国见到了分别33年的爸爸后，再也没有见到他，其实，那一次见面是一次永别。我在妹妹家只有两周时间，转眼即逝，最后爸爸送我到机场，飞机快起飞了，我们像有许多话咽在喉头说不出来，爸爸一直送我到机舱门口，再不能进去了，他手扶着飞机门框，沉重地对我说了一句‘保重’。这是我最后听见爸爸的声音，充满了感情的声音，我永远不能忘记的声音。

“1987年11月3日，电话铃响，在美国的小妹文蔷打来长途电话。我听见她说是小妹，但又半晌无声，我突然明白了，再问小妹，她呜咽着告诉我爸爸过世了的噩耗，我猛地坐下来，觉得昏昏沉沉。告诉你们，我爸爸是想家想死的！”

我们带着困惑问：“为什么说您爸爸是想家想死的？”

梁文茜说：“爸爸非常怀念家乡。数十年来，他像无根的浮萍一样，在海外到处漂流，虽说生活的各个方面都很好，但唯独乡愁无法排解，他和妈妈总是念叨着，总有一天将双双回到本国的土地上去走一遭。为了争取能回老家的那一天，他费尽心力努力办理在美国长久居留的手续。因为只有加入了美国国籍，成了美籍华人，他才能得到回乡探亲的待遇。如果不是美籍华人，在台湾的中国

我生平最服膺伏尔德的一句话：“我不赞成你说的话，但我拼死命拥护你说你的话的自由。”我对鲁迅亦复如是。
——梁实秋

人，都不能回大陆老家看一看啊！”

中国人成了外国人，才能回故乡看一看，这是什么道理啊？

梁实秋曾在80多岁的时候，写过一篇对家乡的回忆文章：

“人谁不爱自己的家乡？我生在一个四合院里，喝的是水窝子里打出来的甜水，吃的是抻条面煮饽饽，睡的是铺席铺毡子的炕，坐的是骡子套的轿车和人拉的东洋车，穿的是竹布褂、大棉袄、布鞋布袜子，逛的是隆福寺、东安市场、厂甸，游的是公园、太庙、玉泉山，能说我不是道地的北平人么？”

梁文茜继续讲：“有一次，爸爸给我来信，提出了一个古怪的要求：‘给我带点豆汁来！’这真是异想天开，让我好为难。我只能向父亲告罪：‘豆汁没法带，您到北京来喝吧！’还有一次，爸爸让我给他寄一点房山良乡的栗子，我寄去之后，由于路途遥远，都发了霉。这两样东西都是北京最普通的土特产，但对爸爸来说却具有无穷的诱惑力。

“又有一次，我给他寄去一些北京蜜饯。爸爸不顾糖尿病的禁忌，拈起一块就放进嘴里，一边咀嚼还一边评论：‘还是几十年前那个味，总算又尝到了！’

“要说爸爸感情最深的，自然要数北京内务部街20号梁家的故宅，他不厌其详地告诉我们：内务部街的房子本是我们的老家，我就是生在那个老家的西厢房，原是祖父留下的一所房子。这所老房子比较大，约有房40间，院落较多，宜于大家庭居住。”

谈起这个故居，梁文蔷曾在1981年专门踏访过一次，她在一篇回忆录中写道：“1981年夏，我和君迈到大陆探亲，经招待人员好心安排，我得特准进入北平旧居参观，那是我生长的庭院，也是爸爸出生的地方。1948年我离开时，那所房屋已年久失修，相当破旧，但仍有其规模在，没想到时过33年，那所老宅竟住了23家人，院子已经不见

我生平最服膺伏尔德的一句话：“我不赞成你说的话，但我拼死命拥护你说你的话的自由。”我对鲁迅亦复如是。

——梁实秋

画家况晗所绘的北京胡同最能表现梁实秋笔下的故土怀念意境。

了，原来的院子中盖满了违章建筑，全是厨房厕所之类的小屋，正中的空地上堆着一堆破砖烂瓦，上面又放着些盆景。我想当年回过大陆的人，都有过类似的经历和感触，真是一言难尽。

我在这熟悉又陌生的大杂院中漫步，努力寻找我还可以辨认的一砖一瓦，全部照相记录下来。我是有任务的，我必须要向爸爸做一个详尽的报告。临行时，大姐文茜折了一小枝枣树叶，上有小青枣一个，叫我带回台湾，送给爸爸。这棵枣树是我们住在北平时的老枣树的子代，老树早已被砍去。我珍惜地将枣叶包在湿纸中，装入塑胶袋，放在手提包里，顺利地带到台北，立刻交给爸爸。这是我能给爸爸带去的最佳家乡礼物。

与爸爸相聚一周，把中国大陆见闻一五一十向爸爸报告，内容包括我姐文茜、哥哥文骐33年的经历，讲得痛哭流涕，喉咙沙哑，两人情绪都过度振荡，渐感不支。我回美后，爸爸来信说：

‘你此番远行，带给我的种种消息，有如一场梦魇，使我的心情如沸！那一枝枣树叶子和那一枚青枣，至今已有十日左右了吧，泡在玻璃杯里，依然绿色，谁云草木无情？我放在桌上，我看着一阵心酸，料想它对我亦应如是。’

数日后，又得来信云：‘故居的那一颗枣及树叶都枯萎了，叶子压在一本书里，可以长久保存，枣子则缩皱成为红枣，怕只能留着将来做枣泥了……寝室墙上挂的故居图，我打算摘下来，因为一看那张图就想起你摄的那些张相片，实在不堪回首。’约三周后，爸爸在来信的信尾又提起枣子的事：‘你带来的那颗枣，已成为标本了，很好看的一颗小红枣。’”

到了梁实秋生命的最后几年，他越发地想家，渴望回到北京看一看，他在梦中呼唤最多的是“妈妈”。就在他去世前7个月的1987年4月，台湾《联合报》主编访问梁实秋，曾向他提出了两个问题：一是“您对已过去的85年有无遗憾？”，二是“现在您最希望的事是什么？”。

对第一个问题，梁实秋列举了五条引以为憾的事情，其中一条是：“陆放翁‘但悲不见九州同’，我亦有同感。”对第二个问题，他回答道：“如今我最希望的事只有一件：国泰民安，家人团聚。”

梁文茜说：“爸爸突然发病那一天是1987年11月1日晚，这是有原因的。海峡两岸从1949年隔绝往来已经38年了，国民党当局蒋经国先生顺应民众，突然宣布从1987年11月2日开始解除台湾民众回大陆探亲的禁令，这个特大喜讯让爸爸高兴死了。”

我生平最服膺伏尔德的一句话：“我不赞成你说的话，但我拼死命拥护你说你的话的自由。”我对鲁迅亦复如是。

——梁实秋

梁实秋的确是想家想死了，享年84岁的梁实秋被安葬在台湾淡水北新庄北海墓地，这里高旷开阔。梁实秋为什么要在这里安息？他最后一任夫人韩菁清说，“为的是让他能够隔海遥望魂牵梦萦的故乡”。

北师大之恋

梁实秋的一生，和北师大有着特殊的关系。1946年，梁实秋结束了颠沛流离的因日本侵华而流亡大西南的9年生活，终于返回了日思夜想的故乡北平。回到北平以后，他很快接受聘请到北师大英语系任教授，讲授“英国文学史”和“文艺批评理论”等课程，他的儿子梁文骐曾描述了他在北师大上课时的动人情景：

“口操英语，却总是长袍马褂，千层底布鞋，迭裆裤子，还要绑上腿带子。很土。初次上课，时髦的男女学生往往匿笑，父亲也不在乎。好在外观上的不调和，并不妨碍授课。在北师大，有一次讲Burns的一首诗，情思悱恻，一女生泪下如雨，讲到惨怛处，这女学生索性伏案大哭起来。我问父亲：‘你是否觉得很抱歉？’父亲说：‘不。Burns才应该觉得抱歉。’”

这一时期除学校工作外，梁实秋个人的学术志趣仍然集于莎剧的翻译。在艰苦的精神劳动中，给了他巨大的精神慰藉和物质帮助的，还是他的妻子程季淑。自来北京后，程季淑就从婆母手里接过了全部家政。她日夜操劳，侍候公婆，同时，为使梁实秋专心工作，还把几个孩子的教育也一手承担起来。

梁实秋说："我在西院南房，每到午后4时，季淑必定给我送茶一盏，我有时停下笔来拉她小坐，她总是把我推开，说，'别闹，别闹，喝完茶赶快继续工作'。然后她就抽身跑了，我隔着窗子看她的背影。我的翻译工作进行顺利，晚上她常问我这一天写了多少字，我若是告诉她写了三千多字，她就一声不响翘起她的大拇指。我译的稿子她不要看，但是她愿意知道我译的是些什么东西。"

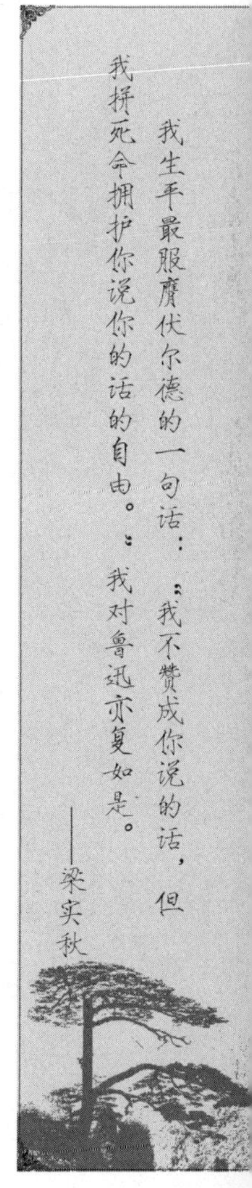

他们到了台湾以后，梁实秋一直未敢懈怠学术上的进取，在夫人这个贤内助的全力支持下，他的翻译进展顺利。梁实秋后来在一篇回忆文章中说："我翻译莎氏，没有什么报酬可言，穷年累月，兀兀不休，其间也很少得到鼓励，漫漫长途中陪伴我体贴我的只有季淑一人。最后37种剧本译竟，由远东图书公司出版，1967年8月6日承朋友们的厚爱，以'中国文艺协会''中国青年写作协会''台湾省妇女写作协会''中国语文学会'的名义在台北举行庆祝会，到会者约300人，主其事者是刘白如、赵友培、王蓝等几位先生。有两位女士代表献花给我们夫

妇，我对季淑说：‘好像我们又在结婚似的。’……

最能使我感动的另有两件事：一是谢婉莹先生在庆祝会中致词，大声疾呼：‘莎氏全集的翻译之完成，应该一半归功于梁夫人！’；一是世界画刊的社长张自英先生，在我书房壁上看见季淑的照片，便要求取去制版，刊在他的第323期画报上，并加注明：‘这是梁夫人程季淑女士——在42年前——年轻时的玉照，大家认为梁先生的成就，一半应该归功于他的夫人。’他们二位异口同声、说出了一个妻子对于她的丈夫之重要。她容忍我这么多年做这样没有急功近利可图的工作，而且给我制造身心愉快的环境，使我能安心地专于其事。”

程季淑是一位杰出的女性，她是北师大的女儿。她从小就在女高师附小读书，后考入女高师（北京师大前身），毕业后又在女高师附小当老师，她是全校最肯负责的教师之一。正是在这里，梁实秋和程季淑热恋起来。时在清华大学读书的梁实秋，每到星期日，便精神抖擞整其衣冠进城，到师大附小约会程季淑，为此，梁实秋说：

“一年多来，我到石附马大街大约五六十次总是有的。风雨无阻，乐此不倦。”程季淑成了他的“崇拜偶像”。他讲：“其言虽谑，确是实情。因为清华园是纯粹男性社会，除了几个洋婆子教师和若干教师眷属之外看不到一个女性。若有人能有机缘进城会晤女友，当然要成为令人羡慕的一派。我自度应属于此派。”

如此“崇拜偶像”，可以想见梁实秋对夫人的感情，是多么的炽烈，夫人程季淑在他心目中的地位，是何等的重要！在一些涉及人生转折的重大问题上，他夫人的态度具有决定性。

梁实秋到台湾后为什么不去政府任职？为什么不去台湾大学任教？而唯独去了当时很不景气的台湾师范大学？这与他夫人程季淑的判断极有关系。梁实秋说：“她很了解我，她认为仕途险恶，不如早退。她对我说：‘假设有一天，朋比为奸坐地分赃的机会到了，你大概可以分到大股，你接受不？受则不但自己良心所不许，而且授人以柄，以后永远被制于人。不受则同僚猜忌，惟恐你检举，因不敢放手胡为，而心生怨望，必将从此千方百计陷你于不义而后快。’她这一番话坚定了我求去的心。台大聘我去任教并且拨了一栋相当宽敞的宿舍给我，师大要挽留我也拨出一栋宿舍给我，我听从季淑的主张决定留在师大。”可见，程季淑对“师范”的理解，对丈夫产生了极大的影响。

梁实秋曾对毕业于北师大的夫人有过一段精彩的评价：“季淑有一个见解，她以为要小孩子走上喜爱读书的

我生平最服膺伏尔德的一句话：“我不赞成你说的话，但我拼死命拥护你说你的话的自由。”我对鲁迅亦复如是。

——梁实秋

路，最好是尽早给孩子每人置备一个书桌。所以孩子们开始认字，就给他设置一份桌椅。有了适当的环境之后，不久孩子养成了习惯，而且到了念书的时候自然地各就各位。孩子们由小学至大学，从来没有任何挫折，主要的是小时候养成良好习惯。季淑做了好几年的小学教师，她的教学经验在家里发生宏大的影响。可见小学教师应是最可敬的职业之一。”

梁实秋的一生，和“师范大学”结下了终生之恋，除了他们夫妇和北师大有着密切关系之外，梁实秋的三妹以及她夫人的弟弟，也分别毕业于北师大和师大附中。更有意思的是那《雅舍小品》诞生地——重庆北碚主湾10号平房“雅舍”，为两家合资购买，另外一家的女主人龚业雅女士，也是从北师大毕业，他们都为中国现代文学史上的“雅舍”现象作出了贡献。当年的“雅舍”将作为文物，长留于文学史册上。

程季淑1974年4月30日在美国去世后，即葬在西雅图槐园。为了解除万般思念的痛苦，梁实秋迅速拿起了笔，书写了悼念亡妻的近6万字的《槐园梦忆》。他在回忆录中说：“我要先把鲜花插好（插在一只半埋在土里的金属瓶里），然后灌满了清水；然后低声的呼唤她几声，我不敢高声喊叫，无此需要，并且也怕惊了她；然后我把一两个星期以来多发生的比较重大的事报告给她，我不能不让她知道她所关心的事；然后我默默地立在她的墓旁，我的心灵不受时空的限制，飞跃出去和她的心灵密切吻合在一起。如果可能，我愿每日在这墓园盘桓，回忆既往，没有一个地方比槐园更使我时时刻刻的怀念。”

他饱含着深情继续写道：“我的生日在腊八那一天，所以不容易忘过。天还未明，我的耳边就有她的声音：‘腊七腊八儿，冻死寒鸦儿，我的寒鸦儿冻死了没有？’我要她多睡一会儿，她不肯，急匆匆爬起来就往厨房跑，去熬一大锅腊八粥。等我起身，热呼呼的一碗粥已经端到我的眼前。这一锅粥，她事前要准备好几天，跑几趟街才能勉强办齐基本的几样粥果，核桃要剥皮，瓜子也要去皮，红枣要刷洗，白果要去壳——好费手脚。我劝她免去这个旧俗，她说：‘不，一年只此一遭，我要给你做。’她年年不忘，直到来了美国最后两年，格于环境，她才抱憾地罢手。”

梁文蔷讲：“爸爸对他自己墓地之选择，曾几次在给我的《临别留书》中提起。1975年的《临别留书》中说，如完全按他自己的意思是‘与汝母合葬，余之愿也。’1977年《临别留书》中说：‘到处青山好埋骨，我没有选择。如果我死在美国，盼葬我于槐园。我如死在

我生平最服膺伏尔德的一句话：“我不赞成你说的话，但我拼死命拥护你说你的话的自由。”我对鲁迅亦复如是。
——梁实秋

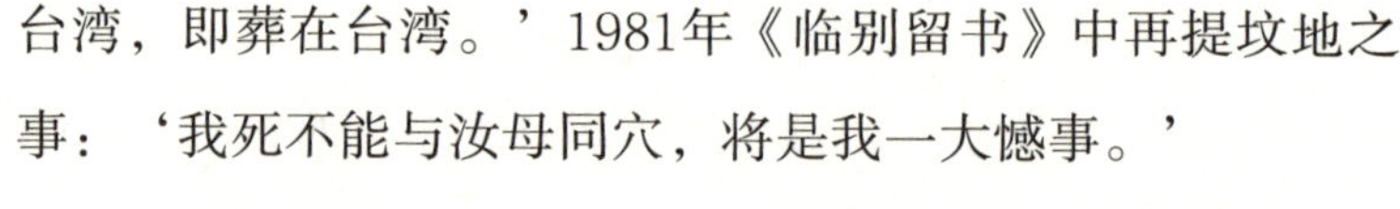

台湾，即葬在台湾。’1981年《临别留书》中再提坟地之事：‘我死不能与汝母同穴，将是我一大憾事。’

后来，爸爸葬在台湾。我从西雅图家中带来爸爸最珍惜的三件纪念性物品。我相信爸爸会高兴我做了这个选择：一件是爸妈合照，第二件是妈妈的一缕花白的头发，第三件是妈妈的一双黑色半高跟鞋。”不久，女儿又在美国槐园为父母立了一个合葬碑，新墓碑上刻着梁实秋、程季淑的名字，梁实秋的名字下有小字三个：‘魂魄冢’，两旁有英文姓名和生死年代。碑下埋着一个防水盒子，里面盛着梁实秋最喜爱穿的一件旧上衣，在上衣的怀里，放着染有夫人血迹的纸巾，和一缕梁实秋留了多年的夫人的头发。在上衣上面，放着两人的合影照片。”

“雅舍现象”主人

梁实秋的一生，和“雅舍”两个字不能分开。“雅舍”不仅是他抗日战争时期在重庆北碚居住7年之地，更是他一生文学创作和精神世界的象征，他因“雅舍”而名满天下，成为中国当代文学史上的一道风景线，而被誉为“雅舍现象”。“雅舍”也因梁实秋的巨大影响而成为一个文化遗存，被保护起来。

1943年至1946年曾在“雅舍”住过3年的梁文茜，是这样描述“雅舍”的：“据我所知，雅舍的来源是这样的，抗战期间家父去重庆担任参政员，并在北碚国立编译馆担任教科用书编辑委员会主任，当时他和清华大学吴景超先生及夫人龚业雅女士，合资购得北碚主湾10号平房一处，作为居室，因龚业雅的名字中有一个‘雅’字，所以命名雅舍，后作为梁实秋小品文集之代称。

雅舍位于重庆郊区，由青木关至北碚市区的一条公路北侧山坡上，地名叫主湾，当时门牌编号为主湾10号，当时我由北平给他写信，信封上的地址都是写重庆北碚主湾10号，即可收到。

雅舍正中平房六间，平顶灰房，屋角灰砖座内镶竹篦墙，涂泥干后抹灰刷白，倒也素静。每屋三开扇格窗，糊上桐油刷过的纸，虽然颜色发黄，但不怕雨水侵蚀，经久耐用。脚下全是木地板，因架起离地有一尺多高，所以走上去，时有颤颤巍巍弹性的感觉，但习以为常，并无不适。雅舍平房东侧两间是：里边一间是卧室，外边一间原为家父书房。1943年我和母亲、弟、妹赴渝，人口多了，书房变成我姐弟三人卧室，与书房并存，好在我姐弟三人，都在重庆沙坪坝南开中学住校就读，除寒暑假外，爸爸仍可独占书房，写作他的雅舍小品等文章。

雅舍很小，只是几间普通的四川平房，但其风景幽

我生平最服膺伏尔德的一句话：“我不赞成你说的话，但我拼死命拥护你说你的话的自由。”我对鲁迅亦复如是。

——梁实秋

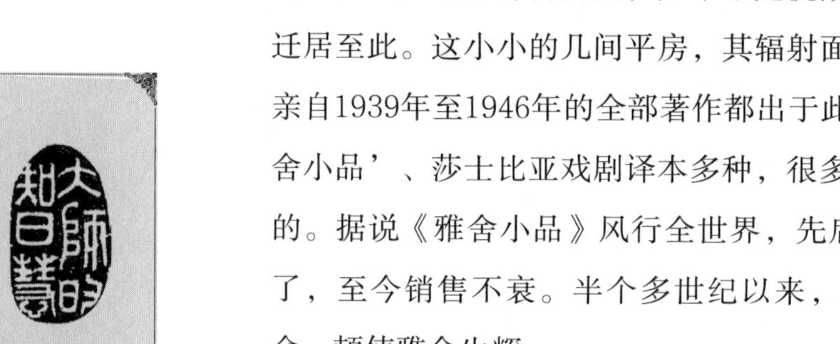

雅，北临北温泉，东去嘉陵江，南望一片青山绿水，好可爱的祖国大地、锦绣河山，如果不是抗战，也不会有机遇迁居至此。这小小的几间平房，其辐射面却很广很长。父亲自1939年至1946年的全部著作都出于此，最突出的‘雅舍小品’、莎士比亚戏剧译本多种，很多都是在这里写成的。据说《雅舍小品》风行全世界，先后印出有300多版了，至今销售不衰。半个多世纪以来，读者如此厚爱雅舍，顿使雅舍生辉。

听说雅舍现在已修葺一新，保存完好，感激之余，将来有机会请国外及港、台朋友，来此观光旅游，或可增加一些旅游业的经济效益。”

今天，因“雅舍”而出版的图书，成了梁实秋的一大文学系列，主要有《雅舍小品》以及二集、三集和四集；除此之外，他还出版了《雅舍散文》《雅舍散文二集》和脍炙人口、别具一格的《雅舍谈吃》，组成了一个人丁兴旺的“雅舍家族”。其出版的数量，创中国现代散文发行的最高纪录。

关于“雅舍现象”的历史地位，我国著名文学评论家、中国社会科学院研究员杨匡汉先生如此评价：“应当说，他的《雅舍小品》及其‘续集’‘三集’‘四集’和‘合集’，奠定了他在中国现代文学史上的独特地位。在现代文学史上，梁实秋及其《雅舍小品》的出现，可谓一种‘雅舍现象’或‘雅舍精神’。直至今日，我们尚未能发现在小品写作上有梁实秋那样的功力、实力和创力。梁实秋被公认为华语世界中散文天地的一代宗师之一。”

著名美学家朱光潜认为：“《雅舍小品》对于文学的贡献，在翻译莎士比亚的工作之上。”怪不得冰心在20世纪三四十年代，如此评价梁实秋：“一个人应当像一朵花，不论男人或女人。花有色、香、味，人有才、情、趣，三者缺一，便不能做人家的一个好朋友。我的朋友中，男人中只有实秋最像一朵花。”

梁实秋一生还从事过好几项“特大工程”，他从1930年27岁开始，至1968年65岁止，花费38年的光阴，奋力译出了40卷本的《莎士比亚全集》，共400万字。这一工程几乎耗掉了他大半生岁月，在中国当代翻译界被称为“纪念碑似的事业”。

梁文蔷说：“爸爸在努力翻译莎士比亚的最后几年中，发现患糖尿病并有胆结石的困扰，以至切除胆囊，身体健康急骤恶化，因此常感力不从心，没有把握的样子。1962年3月17日夜，爸爸写道：‘我自从最近努力继续翻译莎士比亚以来，现已完成了7本稿子，我打算以余年完成此一工作。但是上天是否准许我，我自己也无把握，只

我生平最服膺伏尔德的一句话：“我不赞成你说的话，但我拼死命拥护你说你的话的自由。”我对鲁迅亦复如是。
——梁实秋

有靠你们给我祷告了！’

1964年我生育第二胎，爸爸认为女人生孩子，是世界上最痛苦可怕之事。那时爸爸正为文星出版20本莎氏做校对工作，爸爸说：‘一星期校对10本莎氏稿，可把我整惨了，几乎把我累死！译书之苦，不下于生孩子。’我没译过莎氏，爸爸也没生过孩子。不过，我敢说译莎氏比生孩子苦，至少生孩子不至于拖上38年！

1965年2月4日爸爸再和我谈起译事：‘全集大概可在我66岁那年问世。这恐怕是我所能做的最大的一项贡献。我心里的满足非言语所能表达。有时我真恨莎士比亚为什么要写这么多！’”

除此之外，梁实秋翻译了《世界名人传》，多达124册；还主编了《远东英汉大辞典》等30多种英汉、汉英辞典，总字数达上千万字。

还编出了各式各样的英语教材，也有数十种之多。另外，他还编撰了《英国文学史》100万字。配合这本书，还选编了120万字的《英国文学选》。可以讲，他是一个富有恒

作者蒋晔拜访梁实秋之女梁文茜女士。

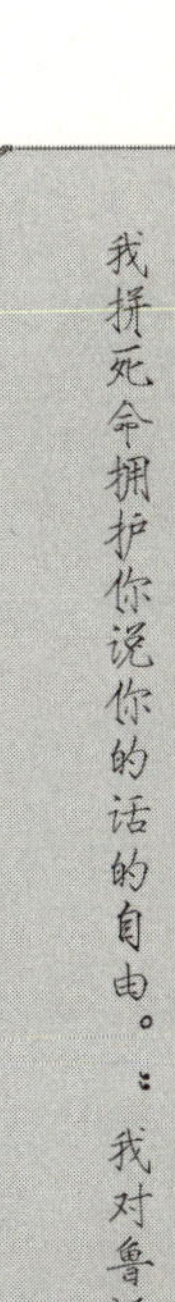

心、异常勤奋、著作等身的大学者。正因如此，他被台湾誉为“当代孔夫子”。

梁实秋的毅力、持之以恒的精神是超人的，他翻译《莎士比亚全集》竟然坚持38年。他用“雅舍”概念书写散文，竟然从1939年36岁开始，直到1987年84岁生命的最后一年出版《雅舍散文》为止，前后坚持48年。从1958年3月到1987年10月去世前一个月，他一共给小女儿写过家书1134封。平均每周写一封信（除了梁实秋每年在美国的日子），也竟然坚持29年从不间断。29年每周一信不断、38年坚持翻译《莎士比亚全集》、48年坚持创作“雅舍”

散文。这三个坚持，可以说，都是当代文化史上极为罕见的事情，也正是梁实秋之所以能够成为一代文学大师、成为学贯中西大学者的关键。

读者朋友，如果您从今天开始做一个事情，哪怕这个事情再小，只要您能像梁实秋那样坚持不懈进行下去，您一定也会获得成功。失败都是半途而废造成的。

梁实秋先生

梁实秋小传

梁实秋，1903年生于北京，1987年逝于台湾，享年84岁。他是我国著名的文学家、翻译家、教育家，1923年清华大学毕业，前往美国科罗拉多大学英文系留学。1924年，进入哈佛大学研究所攻读硕士学位。1925年在纽约哥伦比亚大学英语研究所进修。1926年回国，23岁任东南大学教授，后任暨南大学、山东大学、北京大学、北京师范大学、台湾师范大学教授。曾在二十世纪二十年代与鲁迅展开论战，是“新月派”的代表人物。抗日战争时期，他在重庆创造了“雅舍”文学现象，对中国文坛影响极大，其主要著作有《雅舍小品》及其续集、三集、四集和合集。此外，他花费38年时间，以一人之力翻译了40卷《莎士比亚全集》。他主编了《远东英汉大辞典》等30多种英汉、汉英辞典，成为我国辞典界的权威人物。

梁实秋的故事

1

1903年1月6日（农历的腊八），梁实秋出生在家中的西厢房，在此度过了一生中最难忘的童年岁月。直到步入晚年，每当想起西厢房，他还禁不住心情激动、老泪纵横："我生在西厢房，长在西厢房，回忆儿时生活，大半在西厢房的那个大炕上。炕上有个被窝垛，由被褥堆垛起来的，十床八床被褥可以堆得很高，我们爬上爬下以为戏，直到把被窝垛压倒，连人带被一齐滚落下来然后已。"

梁实秋的父母一共生了11个孩子，他是家中的老四，父亲给他取名梁治华，字实秋。

2

梁实秋出生在清朝末年，所以，他在小时候还留着辫子，睡一夜觉，辫子松散了，辫子不梳好，不准出屋门，因此，早晨起来梳辫子便成为大事。辫子由母亲给梳，而母亲又很忙，所以梳时不免手忙脚乱，有时梳紧了，直揪得头皮发疼。由于这个缘故，梁实秋非常讨厌这个辫子，称它是猪尾巴。随着年龄增长，父亲给他读《扬州十日记》《大义觉迷录》之类的书，又给他讲述清军入关之后“留头不留发，留发不留头”的故事，愈加增长了梁实秋对辫子的反感。辛亥革命后，他跑到理发馆，把辫子剪掉。

3

梁实秋的父亲梁咸熙，毕业于京师同文学堂英文班，且有良好的国学修养。

梁父很开明，对传统伦理道德中的精华及新时代的文明，采取兼收并蓄的态度。他父亲很温和，对孩子很少疾言厉色，但要求很严格，他强烈地期望自己的孩子中，有能干成大事业者。

4

梁实秋的父亲有一个书房，取名“饱蠹楼”。

为防书籍霉烂虫蚀，梁实秋的父亲常常晒书。每晒书，必举家动员，梁实秋回忆说：“全家老小都累得气咻咻然，真是天翻地覆的一件大事。看见有虫蛀蚀，他父亲便会感慨地说：“有书不读，叫蠹鱼去吃也罢。”并刻了一颗小印“饱蠹楼”。

5

梁实秋发现北京零食小贩的叫卖，与京剧的流行大有关系，抑扬顿挫，变化颇多。有的豪放如唱大花脸，有的沉闷如黑头，有的清脆如生旦。他在晚年说：“我如今闭目沉思，北平零食小贩的呼声俨然在耳，一个个的如在目前。”

6

梁实秋用一个故事来说明北京的饮食文化：两个互不相识的人，同在一张桌子吃汤包，其中一位一口咬下去，包子里的汤汁照直飙过去，把对面客人喷了个满脸花。但肇事的这一位毫未觉察，仍旧低头猛吃。对面那一位也很沉得住气，不动声色。倒是饭馆的伙计看不上眼，急忙拧了一个热手巾送了过去，那位客人徐徐言道：“不忙，他还有两个包子没吃完哩！”

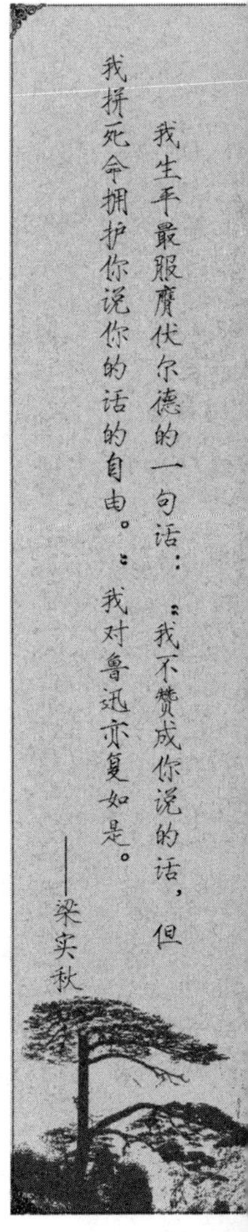

7

北京著名饭店致美斋，爆羊肚是拿手绝活。梁实秋到美国留学后说：“想吃的家乡菜以爆肚儿为第一。”1926年夏他留学三年回来，到北京车站下了车，没有回家，却直奔煤市街致美斋，一口气把油爆、盐爆、汤爆全都吃遍，酒足饭饱后才回家。后来他说：“这次生平快意之餐，隔五十余年犹不能忘。”

8

梁实秋小时候就练毛笔字，还因为字写得好，而得过奖。在台湾，他写的不少条幅，后来都成为墨宝被人珍藏起来。

梁实秋父亲为培养他的绘画，特意为他买了一部《芥子园画谱》。小学毕业考试，图画课让学生自由命题，梁实秋画的是一张《松鹤图》。成年以后，他喜爱画梅，画山水；晚年时与韩菁清一起，画过不少幅《菁秋戏墨》。

9

梁实秋喜爱京剧。他说：生长在北平的人，几乎没有不爱听戏的。凡是真正的行家，都一律说听戏，从不说看戏。他是这样描绘观众的："坐在戏园子的边厢下面，靠着柱子，闭着眼睛，凝神危坐，微微地摇晃着脑袋，手在轻轻地敲着板眼，聚精会神地欣赏那舞台上的歌唱，遇到一声韵味十足的唱，好像是搔着了痒处一般，从丹田里吼出一声'好'！若是发现唱出了错，便毫不容情地来一声倒好。"

10

梁实秋记述一个有趣的故事："看戏的时候，也少不了有卖酪的托着盘子在拥挤不堪的客座中间穿来穿去，口里喊着'酪——来——酪！'听戏在入神的时候，卖酪的最讨人厌。有一回小丑李敬山，在台上和另一小丑打诨，他问：'你听见过王八是怎么叫唤的么？''没听过。''你听——'这时候有一位卖酪的正从台前经过，口里喊着'酪——来——酪'！于是观众哄堂大笑。"

11

梁实秋说，他真正的启蒙老师是上高小一年级时的周士棻先生，周先生教他们国文、历史、地理、习字，同样还兼管训育课"修身"。他对待工作一丝不苟，特别注意生活上的小节，例如纽扣是否扣好，头发是否梳齐，以及说话的腔调，走路的姿势，无一不加指点。他布衣布履，

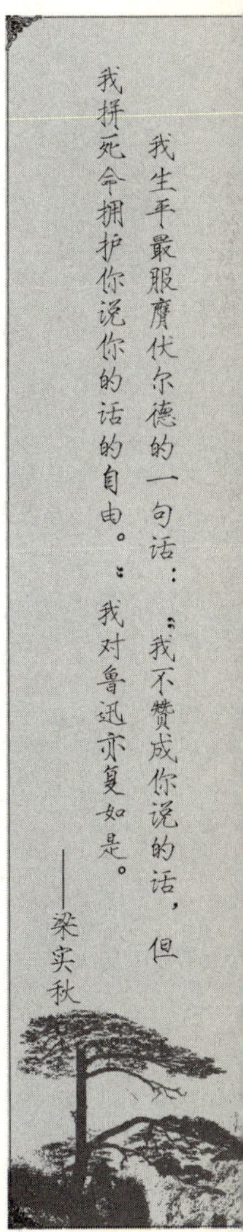

纤尘不染，走起路来目不斜视，迈大步昂首前进，几乎两步一丈。讲起话来和颜悦色，但是永无戏言，他在学生中受到了普遍的尊重和欢迎。

12

上小学时的梁实秋参加学校组织的一次“远足”活动，一大早他就赶到学校，上路时，还特地向步军统领衙门借了六位喇叭手，排在队伍前面开道，六人亮晶晶的喇叭上拴着红绸彩，嘀嘀嗒嗒地吹起来，招摇过市，非常威风。那天走到东直门外，约有四五里地，往返将近十里。梁实秋说自己第一次徒步走出北京城墙，有一种冲出牢笼、获得自由的感觉。

13

梁实秋非常想念故乡北京，引起了台湾一个名叫喜乐的画家的同病相怜，因为这位画家的故乡，也是北京。他根据梁实秋的描述，用了70多个小时，最后完成了北京内务部街20号梁家的旧居图，梁实秋每当怀念家乡时就展开它。

14

梁实秋在北京的故居，临街的大门前砌有四层石台阶，大门黑漆红心，他记得一副对联：“忠厚传家久，诗书继世长”。他说：“我近年来越想越觉得其意义并不平凡，而且是甚为崇高。这不是夸耀门楣，以忠厚诗书自许，而是表示一种期望，在人品上有什么比忠厚更为高尚？在修养上有什么比诗书更为优美？有人把‘久’‘长’二字删去，成为‘忠厚传家，诗书继世’的四言联，这意思更好，只求忠厚宅心，儒雅为业，至于是否泽远流长就不必问。”

15

1915年，14岁的梁实秋听从他父亲的指教，考入了清华学校，这是决定他一生的选择。

由于是留美预备学校，所以，这里特别重视英文教学，一律采用美国出版的教科书。其他课如国文、历史、地理、修身、哲学史、伦理学、修辞、中国文学史等，则用国语讲授，用中国的教科书。学生毕业考试时，英文课必须及格，而中文课的成绩则不予考虑。

少年时代的梁实秋。

我生平最服膺伏尔德的一句话：“我不赞成你说的话，但我拼死命拥护你说你的话的自由。”我对鲁迅亦复如是。

——梁实秋

这种现象使有些学生蔑视本国文化，崇拜欧美；另一方面又会激起大家的反感，对于洋人偏偏不肯低头，梁实秋即是这样。

16

梁实秋初进清华，听一个朋友说，海淀有一家小书店可以买到石印小字的各种小说。他买回来一部《绿牡丹》。有一天晚上躺在床上偷看，倦极而眠，第二天起来忘记从枕下捡起，不幸被查房的老师发现后拿走了，因为清华有规定，不许看这类小说，认为是诲淫诲盗。一向对学生严厉的斋务室主任陈筱田，铁青着脸把那本《绿牡丹》往梁实秋面前一丢，厉声道：“这是嘛？”由于梁实秋是初犯，又认错较好，事后没有受到重责。梁实秋将此事称之为“绿牡丹事件”。

17

在清华园，梁实秋阅读《阿丽斯异乡游记》《金银岛》《威尼斯商人》等西方名著。这些书籍使他读到不同于《论语》《史记》《汉书》唐诗宋词以及《绿牡丹》《水浒传》《红楼梦》的别样内容。他说自己求知欲望非常旺盛。

18

梁实秋邀请梁启超到清华园做过讲演，这是因为梁启超的儿子梁思成是他的同学。梁实秋说，梁启超的吸引力“不是因为他是戊戌政变的主角，也不是因为他是云南起义的策划者，实在是因为他的学术文章，对于青年确有启迪领导的作用”。

19

梁启超那次讲演极为出色，开场白只有两句，头一句是“启超没有什么学问——”，随后轻轻点一下头，又加上一句“可是也有一点喽！”梁实秋说：“这样谦逊同时又这样自负的话，是很难听得到的。”“先生的讲演，到紧张处，便成为表演。他真是手之舞之足之蹈之，有时掩面，有时顿足，有时狂笑，有时叹息……竟痛哭流涕而不能自已。他掏出手巾拭泪，听讲的人不知有几多也泪下沾巾了！”

20

梁实秋坐人力车，跑到北京西城八道湾周家邀请周作人去清华讲演。他走进院子，来到南屋，有两人在谈话，

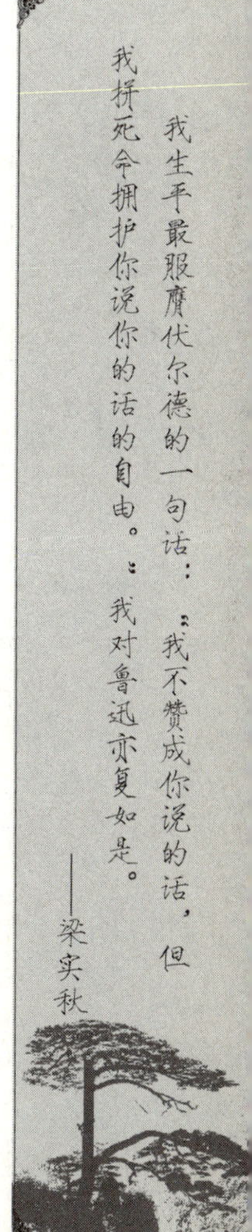

一位是留了一撮小胡子的鲁迅先生，另一位是年轻诗人。鲁迅先生和他打招呼说："你是找我弟弟的，请里院坐吧。"周作人讲演的内容是《日本的小诗》，主要是向青年介绍日本的俳句诗体。

21

梁实秋的老师徐锦澄相貌古怪，脑袋的轮廓有棱有角，很容易成为漫画的对象。头很尖、秃秃的、亮亮的，脸型却是方方的、扁扁的，有些像《聊斋志异》绘图中的夜叉的模样。擅画的梁实秋，在课堂上忍不住抽出笔来，给老师画出一幅漫画像。

22

徐锦澄对梁实秋文学事业影响很大。他讲国文，思路相当开阔，绝不拘泥于僵死的教材。他自己选印教材，分发给学生，讲吴稚晖的《上下古今谈》，讲梁启超的《欧游心影录》，讲林琴南《致蔡孑民书》，也讲张东荪的《时事新报》社论。他对梁实秋传授的主要经验是："作文忌用过多的虚字。"该转的地方，硬转；该接的地方，硬接，这样文章便显着朴拙而有力。他告诉梁实秋，文章的起笔最难，要开门见山，要一针见血，才能引人入胜，不必兜圈子，不必说套话，文章说理时、难解难分处，来一个譬喻，则一切纠缠不清的问题便可迎刃而解。

23

梁实秋写文章，最讲究“简练”二字，他说：“简练乃一切古典艺术之美的极则”，绚烂之极趋于平淡，才是最上乘的写作艺术境界。对于不成熟的思想，不稳妥的意见，不切题的材料，不扼要的描写，不恰当的词句，统统要大刀阔斧地加以削删。只有这样，文章才能显着整洁而有精神，清楚而有姿态，简单而有力量。

24

梁实秋特别感激老师徐锦澄：“他最擅长的是用大墨杠子大勾大抹，一行一行地抹，整页整页地勾；洋洋千余言的文章，经他勾抹之后，所余无几了。我初次经此打击，很灰心，很觉得气短，我掏心挖肝地好容易诌出来的句子，轻轻的被他几杠子就给抹了。但是他郑重地给我解释一会儿，他说：‘你拿了去细细地体味，你的原文是软爬爬的，冗长，懈啦光唧的，我给你勾掉了一大半，你再读读看，原来的意思并没有失，但是笔笔都立起来了，虎虎有生气了。’我仔细一揣摩，果然。他的大墨杠子打得

我生平最服膺伏尔德的一句话：“我不赞成你说的话，但我拼死命拥护你说你的话的自由。”我对鲁迅亦复如是。

——梁实秋

是地方，把虚泡囊肿的地方全削去了，剩下的全是筋骨。在这删削之间见出他的工夫。如果我以后写文章还能不多说废话，还能有一点点硬朗挺拔之气，还知道一点‘割爱’的道理，就不能不归功于我这位老师的教诲。”

25

在清华园学习期间，梁实秋终生遗憾的，是自己始终没把理科功课学好，以致造成知识结构上的偏差。那时，上生物课，他最怕的是进实验室，闻到那种味道就头痛，看到蚯蚓田鸡之类的活东西心里也不舒服，把蛤蟆四肢钉在木板上开刀取心脏，就更从心里发怵。对数学的畏难情绪始终难以消除。后来他讲：一个人在成长期间，万万不可任性，在学校里读书时，万万不可相信什么“趣味主义”。

26

梁实秋讲起清华学校在“五四”运动中的表现时，回忆道：

清华学生的领导者是陈长桐。他的领导才能是天生的，他严肃而又和蔼，冷静而又热情，如果他以后不走进银行而走进政治，他一定是第一流的政治家。他的卓越的领导能力，使得清华学生在这次运动里，尽了应尽的责任。”

27

梁实秋说：“五四运动原是一个短暂的爱国运动，热烈的，自发的，纯洁的，‘如击石火，似闪电光’，很快地就过去了。可是年轻的学生们，经此刺激震动而突然觉醒了，登时表现出一股蓬蓬勃勃的朝气，好像是蕴藏压抑多年的情绪与生活力，一旦获得了迸发奔放的机会，一发而不可收拾，沛然而莫之能御。”

28

“‘五四’运动实乃一大变局。新一代的人要造反，不再忍了。有人要‘整理国故’，管他什么三坟五典八索九丘，都要揪出来重新交付审判。礼教被控吃人，孔家店遭受捣毁的威胁，世世代代留下来的沟要彻底翻腾一下，这下子可把旧一代的人吓坏了。有人提倡读经，有人竭力卫道，但是不是远水不救近火，便是只手难挽狂澜。代沟总崩溃，新一代的人如脱缰之马，一直旁出斜逸奔放驰骤到如今。旧一代的人则按照自然法则一批一批的凋谢，填入时代的沟壑。”

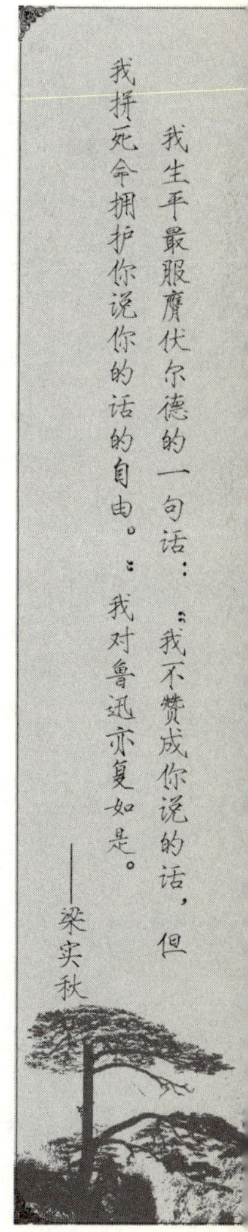

大师的智慧 梁实秋

29

“五四”运动一开始，梁实秋就是一个积极分子，罗隆基所讲的“九年清华，三赶校长”，梁实秋都参与其中。运动高潮过后，清华学校的学生大搞自治活动，建立了“评议会”和“干事会”两个组织，作为学生参与学校工作的决议和执行机关。从成立起到毕业，梁实秋一直被推举为评论会的评议员。

30

在“五四”高潮中，梁实秋就注意到“群众运动的破坏性与盲目性”。他说：“我当时感觉到大家只是一股愤怒不知向谁发泄，恨政府无能，恨官吏卖国，这股恨只能在街上如醉如狂的发泄了。在这股洪流中没有人能保持冷静，此之谓群众心理。”

31

梁实秋对“五四”运动反思时说：“我深深感觉‘群众心理’是很可怕的，组织的力量如果滥用也是很可怕。我们在短短期间内驱逐的三位校长，其中有一位根本未曾到校，他的名字是罗忠诒，不知什么人传出了消息，说他吸食鸦片烟，于是喧嚷开来，舆论哗然，吓得他未敢到任，人多势众的时候，往往是不讲理的。罢课曾经是赢得伟大胜利的手段，到后来成了惹人厌恶的荒唐行为。”

32

“五四”风潮刚停，梁实秋和其他几个同学一道，发起成立了“小说研究社”团体，在校园里，他们设法弄到一间没人住的学生宿舍作会址，开展起了各种活动。随后不久，比梁实秋早三年进入清华的闻一多加入，更给“小说研究社”增添了活力。后来接受闻一多的建议，将社名改为“清华文学社”。

33

梁实秋和闻一多相继写出《草儿评论》和《冬夜评论》两篇长文。梁实秋的父亲拿出100元支持《冬夜草儿评论》著作出版，这本书成为“清华文学社丛书第一种”。

34

梁实秋在赴美留学前，与闻一多对郭沫若的《女神》诗非常赞赏，认为他是“现代第一诗人”。一个外国刊物

我生平最服膺伏尔德的一句话：“我不赞成你说的话，但我拼死命拥护你说你的话的自由。”我对鲁迅亦复如是。

——梁实秋

正在评选“中国现代十二大人物”，闻一多告诉梁实秋：“昨见田汉曾得一票，使我惊喜……我立即剪下了一张票格替郭君投了一票。”

35

1923年初秋，梁实秋在清华毕业，准备远赴美国留学，在上海期间，梁实秋拜访郭沫若，谈话间，他说起自己患甲状腺肿，学医出身的郭沫若立即说：“我是医生，我来给你看看。”随后又是翻书查资料，又是诊察，详细地解释病源病状，让梁实秋到美国后抓紧治疗。到了晚上会饮，他放开酒量痛饮，结果喝醉。

36

梁实秋在清华读书时虽然受五四西化大潮的冲击，但是他并没有像那些激进的西化主义者那样全盘抛弃传统，在《〈草儿〉评论》中他以中国传统诗歌的艺术魅力，鞭策新诗要讲求艺术。正是这种喜爱传统文化的基因，使他在美国没有经过激烈的思想斗争，就接受了白璧德的新人文主义与古典主义。他刚回国的时候，是以激烈否定五四新文学的姿态出现的，这种姿态必然使他更多地认同中国传统文化与文学。

37

1914年，梁启超应邀到清华学校作了题为《君子》的演讲，他说：“清华学子，异日出膺大任，足以挽既倒之狂澜，作中流之砥柱。”梁启超的演讲词慷慨激昂，代表了当时中国社会主流对清华学生的期待，这种期待使庚款留学生对中国的现代化产生了一种“舍我其谁”的担当意识，这种担当意识，就是领袖意识，进而形成了一种精神，后来成为“自强不息，厚德载物”的校训。

38

清华校歌的歌词是：“西山苍苍，东海茫茫，吾校庄严，岿然中央。东西文化，荟萃一堂，大同爰跻，祖国以光。”在《清华中文校歌之真义》中有这样的阐释：“与本校最适宜，且今世最亟需之学术，尤莫亟于融合东西之文化。故本校歌即以融合东西文化为所含之‘元素’。”这一校歌对梁实秋产生了积极影响。

39

清华大学走的是一条逐步摆脱西方文化的控制，走向文化学术独立的路，在这一过程中，对传统文化的眷顾，

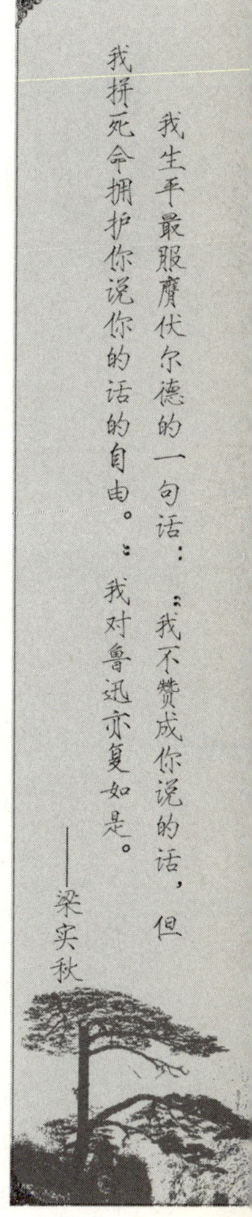

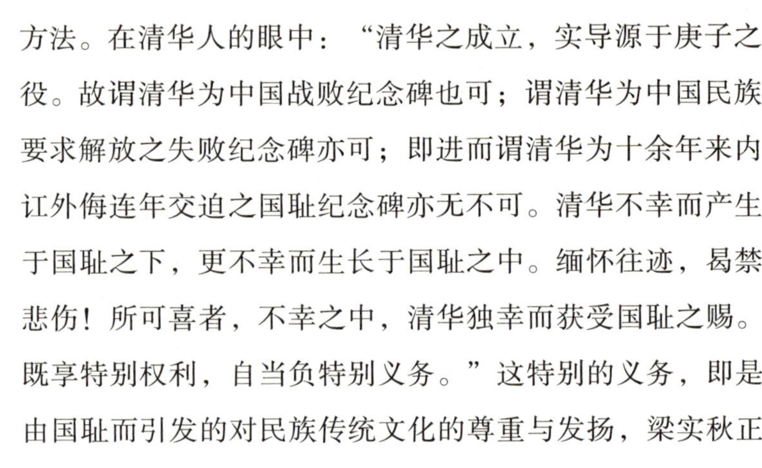

成为他们削弱西方文化控制，确立民族文化自信心的主要方法。在清华人的眼中："清华之成立，实导源于庚子之役。故谓清华为中国战败纪念碑也可；谓清华为中国民族要求解放之失败纪念碑亦可；即进而谓清华为十余年来内讧外侮连年交迫之国耻纪念碑亦无不可。清华不幸而产生于国耻之下，更不幸而生长于国耻之中。缅怀往迹，曷禁悲伤！所可喜者，不幸之中，清华独幸而获受国耻之赐。既享特别权利，自当负特别义务。"这特别的义务，即是由国耻而引发的对民族传统文化的尊重与发扬，梁实秋正是在这样一种氛围中成长起来的。

40

梁实秋批评思想的起点，是《浪漫的与古典的》《文学的纪律》两本书。其中最重要的一篇文章，就是《现代中国文学之浪漫的趋势》。这篇文章对五四新文学运动作了整体性的否定，认为这个运动极端地接受外来影响，推崇感情，贬斥理性，表现为一场浪漫的混乱。在他看来，五四文学总的来说并不成功，原因在于反乎人性，反乎理性。

41

梁实秋在《文学的纪律》一书中，集中体现了他所推崇的新人文主义的文学观，他认为：“文学发于人性，基于人性，亦止于人性。”“文学的效用不在激发读者的热狂，而在引起读者的情绪之后，予以和平的宁静的沉思的一种舒适的感觉”。这才有利于人生的指导与人性的完善。他的观点倾向于古典主义，文学创作或欣赏，应遵循纯正的古典原则，即注重理性，注重标准与节制。

42

梁实秋认为所谓“新文学”就是从西方引进的文学，其目的就在于否定中国的传统文化，但是所引进西方的又不是健康的文化，因而他反对将文学分为新旧，而倡导以健康的尺度来评判中西文化。

43

梁实秋认为孔子、佛陀的教义与西方古典的亚里士多德的教义是有相似之处的，而与西方从卢梭到现代之浪漫的堕落大相径庭。五四新文学若是抛弃了孔子的教义，又对亚里士多德的古典教义茫无所知，将是非常危险的。梁

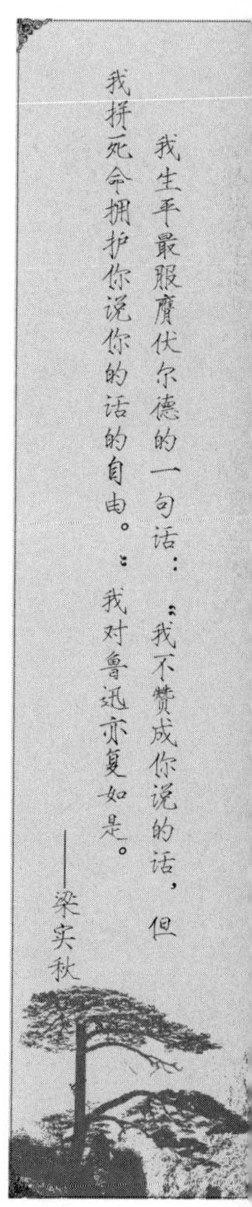

实秋认为："孔子的哲学与亚里士多德的伦理学颇多暗合之处，我们现在若采取人本主义的文学观，既可补中国晚近文学之弊，又不悖于数千年来儒家传统思想的背景。"

44

梁实秋的老师白璧德教授，将道家与西方的浪漫主义相提并论，认为历史上最接近以卢梭为最重要领袖人物的浪漫运动，就是中国的老庄道家。儒家的标准太刻板而缺乏想象力，道家对李白与其他喜欢酒的诗人、以及中国的风景画产生了重要影响。梁实秋认为道家比儒家对中国文学发生了更大的作用，中国文学浪漫的成分，比古典的成分更占主导地位。

45

梁实秋的老师白璧德把孔子与耶稣、释迦牟尼、亚里士多德作为自己的四大思想支柱。他在《民主与领袖》中写道："孔子始终是一个人文主义者"，"孔子关心的主要不是彼岸世界，而是在这个世界上我们怎样才能生活得最圆满、最和谐的艺术。孔子认为，这就是去过一种均衡、中庸的生活。于是我们可以看出，远东孔子的传统与西方亚里士多德的传统有许多一致之处"，而亚里士多德是“学问知识之泰斗”，孔子则是“道德意志之完人”，“吾所见中国文化较优于他国之处，首要者，即中国古今官吏虽腐败，然中国立国之根基乃在道德也”。这些观点对梁实秋影响很大。梁实秋批评“新文化运动”否定传统，一味模仿西方。在东西方文化大论争中，他对中国传统文化精神给予肯定。

46

梁实秋说：“诗人，一切文人，是站在时代前面的人。民间的痛苦，社会的腐败，政治的黑暗，道德的虚伪，没有人比文学家更首先的感觉到。唯有文学家，因为他们的本性和他们的夙养，能够做一切民众的喉舌，道出各种民间的疾苦，对于现存的生活，用各种不同的艺术的方式，表现他们对于现状不满的态度。”

47

梁实秋认为文学表现的是人性，而人性是不能用科学“条律”支配的。他说：“文学是什么？我个人愿提出这样的解答：文学是人性的描写。”

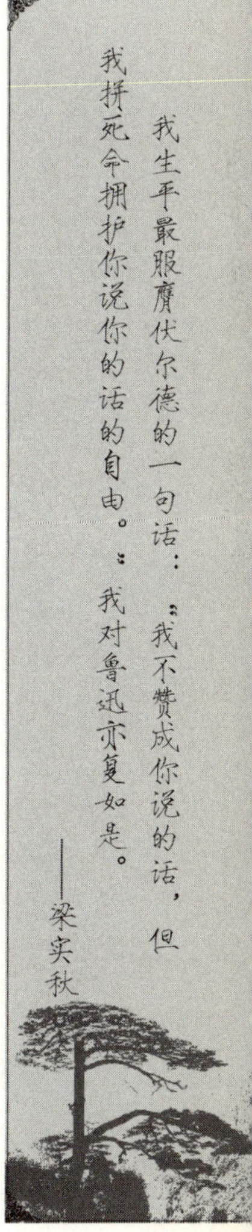

48

梁实秋说，白话文根源于文言文，不学好文言文，白话文是不可能写好的："文言没有死。语体文是继承文言文而来，如要写好语体文，如何能不先从研究文言文入手？文言文搞不通，休想能写好语体文。文言文需要语体化，以求其明白易晓，而语体文亦需要沿用若干文言的词句语法，以求其雅洁。

49

梁实秋深得儒家中庸之道的精髓，主张待人接物不偏不倚，调和折衷，他对于一个事物，在一定程度上，他是支持的。但是，如果这个事物超越了一定的限度，他就会表示反对。对于两个截然对立的事物，他是对任何一方面都不会拥护的，他所赞美的是两个事物调和后形成的"第三者"。

50

梁实秋提出三个成为诗人的条件：第一：一个诗人对于人生要有浓厚的兴趣。第二：诗人要摒弃名利观念。第三：诗人要培养正义感。

51

梁实秋说：“儒家虽说是因了历代帝王的提倡，成了中国的正统思想，但是按之实际，比较深入于我们民族心理的却是道家的思想，这在中国文学里表现得极其清楚。西洋文学有‘古典的’与‘浪漫的’两大潮流，中国文学也有儒道两大潮流。”不过，梁实秋认为“古典的”与“浪漫的”在中西文化中的比重是不同的，而这种不同又导致了中西文学的差异：“西洋文学以古典主义为正统，以浪漫主义为一有力之敌对势力。中国文学则以极端浪漫之道家思想为最活跃之势力，以奄无生气之儒家思想为陪衬。在梁实秋看来，中国的道家思想表现在文学上，就是“出世的思想”与“皈依自然的思想”。“出世的思想”往往以神怪故事及想象仙境的方式表现出来，而“皈依自然的思想”则在中国的写景文学里表现最为显著。

52

梁实秋说，中国文学虽然在表面上接受儒家的教化，但是由于儒家没有适当的文学理论，使得中国文学实际上吸收了老庄的清静无为的思想和以柔克刚的狡猾伎俩，逐

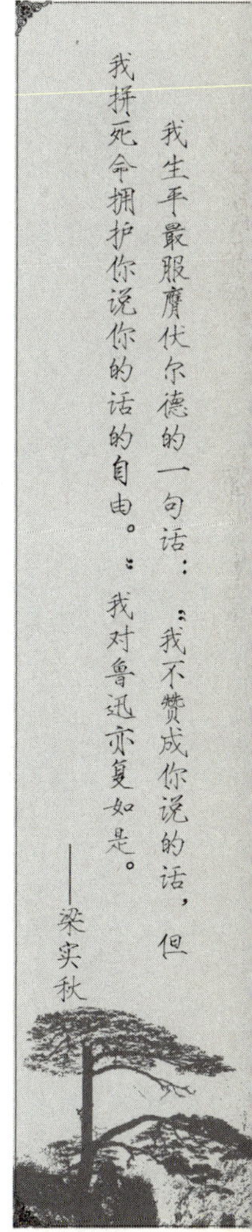

渐地变成了一个懒惰而没出息的民族，于是，及时行乐的文学，隐逸的山水文学与求仙文学，就压倒了正视人生的文学。中国文学和西洋文学比较起来，我们可以看出中国文学的主要情调乃是消极的、出世的、离开人生的、极度浪漫的。而西洋文学，除了极端浪漫派及晚近的颓废派以外，差不多都一致的承认文学是切近于人生的，其最健全的文学思想，是由亚里士多德开辟的古典主义，经过文艺复兴，以至于17、18世纪的新古典主义，形成了在西方占主导地位的以人性为中心的推崇理性的文学传统。因此梁实秋认为，新文学运动第一件事要做的不是“打倒孔家店”，而是要严正地批判文学中的道家思想，这不是抹煞道家思想支配下一些极好的艺术品的价值，而是要使中国文学从此改换一个正确的方向。

53

冯友兰的《新世训》出版之后，梁实秋认为这是一本不可多得的好书。他说冯友兰将宋明理学的体系烂熟于心，又融会了亚里士多德与佛陀的教义，深入浅出，沟通中西文化。冯友兰所说的“生活方法”，并非个人的随意的生活方法，而是一种无论老年人或少年人，无论中国人、外国人或古人、今人都必须遵循的，是一种不随人生观而发生变化的生活方法，是一种普遍的人性。

54

梁实秋认为中国有着悠久的思想自由的传统，相比之下，西方文化传统中就没有这种自由的传统。他说：“从中国历史上看，儒家思想虽然是正统，可是别家的思想依然可以自由的传布。外国人最诧异的是在中国有好几种宗教同时并存，而从来没有像在欧洲一般大规模的闹过乱子。在五四运动前后，思想方面更是自由，在日本不能讲的共产主义，在中国可以讲，在美国不能讲的生育节制，在中国可以讲。”“外国人常常称赞我们中国是顶自由的国邦，政体虽然几千年来是专制的，思想却自由到万分”。但是在现代，当中国人没有把西方好的东西学来，却把在思想上排斥异端的西方传统学了来，而西方本身也在发生容忍异端的文化转折的时候，梁实秋感到特别遗憾：“我们中国人的习惯一向是喜欢容忍的，所以一向有思想的自由，可惜这个被全世界所崇仰的优美的传统，于今中断了！”

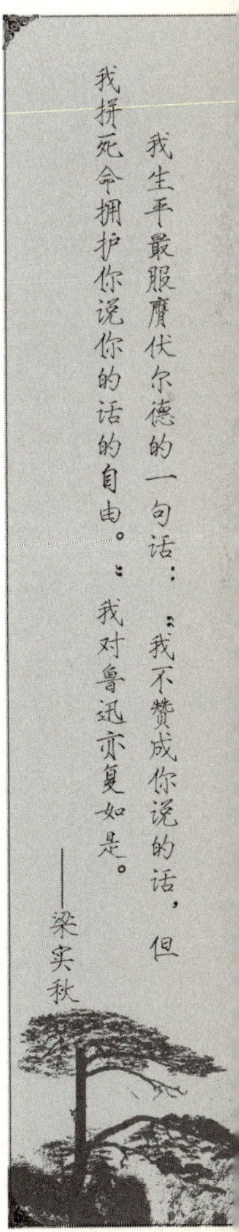

55

梁实秋对莎士比亚的评价是：莎翁全集是一部超越

时代与空间的伟大著作，渊博精深，洋溢着人性的呼吸。莎士比亚之永久性与普遍性，是来自他的对于人性的忠实的描写。人性是永久的，普遍的。他“莎士比亚”不宣传任何主张，他不参加党派，他不涉及宗教斗争，他不斤斤计较劝善惩恶的效果，戏就是戏，戏只是戏。可是这样的创作的态度正好成就了他的伟大，他把全副精神用到了人性描写上面。我们并不苛责莎士比亚之没有恪尽“反映时代”的使命。我们如果想要体认莎士比亚时代的背景，何不去读历史等类的书籍？文学的价值不在反映时代精神，而在表现永恒的人性。

56

梁实秋翻译过马克思的作品，他不是要宣传马克思主义思想，而是用马克思对莎士比亚的赞赏，来驳斥莎士比亚是资产阶级文学家的观点：“马克思这一段文章很有意义，我觉得有两点值得注意：（一）莎士比亚是伟大的天才，其伟大处之一即是他的作品不属于任何一阶级，他的作品包括所有的人类，自帝王贵族至平民都在他的作品里找到位置。有人说莎士比亚是资产阶级的艺术家，说这话的人应该读读莎士比亚的作品，再看看上面马克思的这段文章。（二）莎士比亚不是一党一派的思想家，他的艺术是用一面镜子来反映自然。”

57

梁实秋到台湾后，虽然在大学里教授英语，还在不断地翻译西方名著，尤其是翻译《莎士比亚全集》，但是他心里的天平越来越向传统文化倾斜。他写起散文小品来，是非常规矩的中文文法，一点看不出是一个对英文有高深造诣的人所写。念旧是中国传统文化的一个重要特征，梁实秋几乎有半数的散文小品都是念旧之作。

58

《雅舍谈吃》固然表明了梁实秋喜欢美食，但这也是中国传统文化的典型显现。首先，“吃”在中国文化的位置显然要高于西方，中国人以“食”为天，以“口”为人的指称，以“饭碗”为工作的代称，以“跳槽”为改变工作的称谓，以细致咀嚼的“品”为论人与论艺术的等级，这种“民以食为天”的文化在世界上是独一无二的。梁实秋的《雅舍谈吃》是其思念故土的一种表现。

59

《平山堂记》是梁实秋散文中反映国民党溃败时社

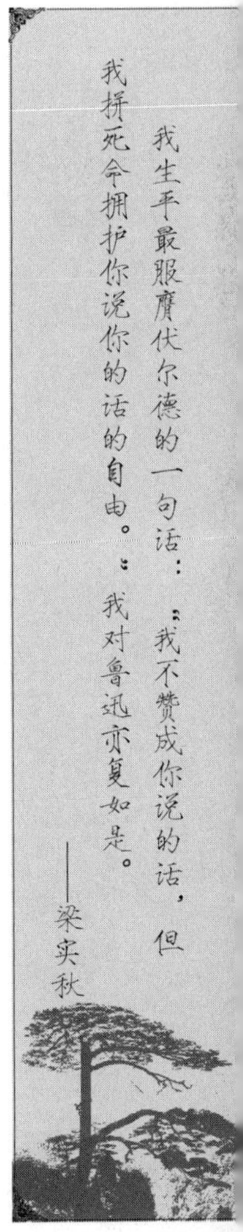

会混乱的一篇，这篇散文记叙了他随国民党政权撤离大陆之前的一段生活。作为三民主义的追随者，他当然希望高举这面旗帜的政党能给民族带来兴盛，但现实的景况告诉他，三民主义的旗帜没有给民族带来兴盛，他自然而然地产生了追随这个政党的一种凄凉的心情。他一方面感到信仰的“无可奈何花落去”，一方面又顽强地保守着自己理想的一角。

60

梁实秋所讲的“人性”，主要是“生老病死的无常”“爱的要求”“怜悯与恐怖的情绪”“伦常现象”“企求身心的愉快”等等。并认为，这些人性内容是普遍的、永恒的、超越时间和空间的，不管你的财产如何、地位如何，也不管你身在何处，长在何方，文化背景怎样，人性都像灵魂一样附在你的身上。他在《文学是有阶级性的吗？》一文中说：“一个资本家和一个劳动者，他们的不同的地方是有的，遗传有不同，教育不同，经济的环境不同，因之生活状态也不同，但是他们还有同的地方。他们的人性并没有两样。”

61

梁实秋在《四君子》一文中说：“我年事渐长，慢慢懂了一点道理，四君子并非是浪博虚名，确是各有它的特色。梅，剪雪裁冰，一身傲骨；兰，空谷幽香，孤芳自赏；竹，筛风弄月，潇洒一生；菊，凌霜自得，不趋炎热。合而观之，有一共同点，都是清华其外，澹泊其中，不作媚事之态。画，不是纯技术的表现，画的里面有韵味，画的背后有个人。画家的胸襟风度不可避免地会流露在画面之上。我常以为，唯有君子才能画四君子，才能恰如其分表达出四君子的风骨。艺术，永远是人性的表现。唯有品格高超的人，才画出趣味高超的画。”

62

梁实秋对平民的艰苦生活充满了同情。在《北平的冬天》一文中他写道：“煤黑子实在很辛苦，好像大家并不寄予多少同情。”“哪一个不是衣裳单薄，在寒风里打颤，在北平的冬天，一眼望出去，几乎到处是萧瑟贫寒的景色。”“北平是大地方，但也是朱门酒肉臭，路有冻死骨的地方。”

我生平最服膺伏尔德的一句话：“我不赞成你说的话，但我拼死命拥护你说你的话的自由。”我对鲁迅亦复如是。

——梁实秋

63

梁实秋说："凡是能完美地表现人生最根本的情感的作品，便是有最高价值的作品；凡是不能完美地表现，或表现虽完美而内容不是最根本的情感，便是价值较低的作品。简单说，文学即是人性的产物，文学批评即以人性为标准。"

64

在《文学讲话》一文中，梁实秋说："人性乃所以异于兽性。人本来是兽，所以人带有兽性的行为。但是人不仅是兽，还时常是人，所以也常能表现比兽高明的地方。人有理性，人有较高尚的情感，人有较严肃的道德观念，这便是我所谓的人性。"

65

梁实秋的夫人程季淑，是安徽绩溪人，1901年生。她的祖父做过直隶省大名府知府，父亲在北京经营笔墨店"程五峰斋"。她在北京女高师师范本科读书时，认识了梁实秋。第一次见面的情景，梁实秋说："好不容易熬到会见的那一天！那是一个星期六午后……看门的一个老头儿引我进入一间小小的会客室。等了相当长久的时间，一阵唧唧哝哝的笑语声中，两位小姐推门而入。这两位我都是初次见面，黄小姐的父亲我是见过多次的，她的相貌很像她的父亲，所以我立刻就知道另一位就是程小姐。但是黄小姐还是礼貌地给我们介绍了。不大的工夫，黄小姐托故离去，季淑急得直叫'你不要走，你不要走！'……她的脸上没有一点脂粉，完全本来面目，她若和一些浓妆艳抹的人出现在一起会令人有异样的感觉。我最不喜欢上帝给你一张脸而你自己另造一张……她是百分之百的一个朴素的女学生。"

青年时期的程季淑。

我生平最服膺伏尔德的一句话："我不赞成你说的话，但我拼死命拥护你说你的话的自由。"我对鲁迅亦复如是。

——梁实秋

66

梁实秋与程季淑的恋爱约会，主要是在北京的中央公园，即今天的中山公园。有一天，他们正在四宜轩茶座喝茶，忽然在相隔不远的茶桌上，发现他父亲同几位朋友也在品茶消闲。几乎与之同时，父亲也发现了他，并且立即站起来朝他们这边走来。这一下弄得梁实秋满脸通红，结结巴巴地说不出话。他父亲寒暄几句，随后代他们付过茶资就离去。回家后，父亲对梁实秋说：“我看程小姐很秀气，风度也好。”

67

梁实秋的父亲经常塞给儿子一些零钱。起初，梁实秋还红着脸和父亲客气，推辞不要。父亲认真地说：“拿去吧，你现在需要钱用。”日后每念及父亲的这些举动，他眼睛里都要涌上热泪：“父亲为儿子着想是无微不至的。我们后来婚姻成功，多亏父亲的帮助。”

梁实秋与父亲梁咸熙。

68

程季淑赠送给梁实秋一个枕套，是她亲手缝制的，在雪白的绸子上她用抽丝的方法在一边挖了一朵一朵的小花，然后挖出一串小孔穿进一根绿缎带，缎带再打出一个同心结。梁实秋如获至宝，套在枕头上，不大不小正合适。他伏枕一梦香甜，突然醒来，写了一首诗《梦后》。他写道：

“……

孤零零的枕儿啊！

想着梦里的她，

舍不得不偎着你；

她的脸儿是我的花，

我把泪来浇你！”

69

1923年8月，梁实秋赴美之前，与程季淑在北京玉楼春聚餐话别。那天，程季淑特别点了一道叫做“两做鱼”的菜，这家饭馆故意作弄两个情人，把本该“一鱼两做”的程序，弄成把一条鱼半烧半炸，结果两个人面面相觑，无法消受。几十年后，他们的女儿梁文蔷每次陪父母下饭馆，总忘不了开一句玩笑：“妈，你要不要吃两做鱼？”

70

临别之际，梁实秋送给恋人程季淑一块手表，程季淑

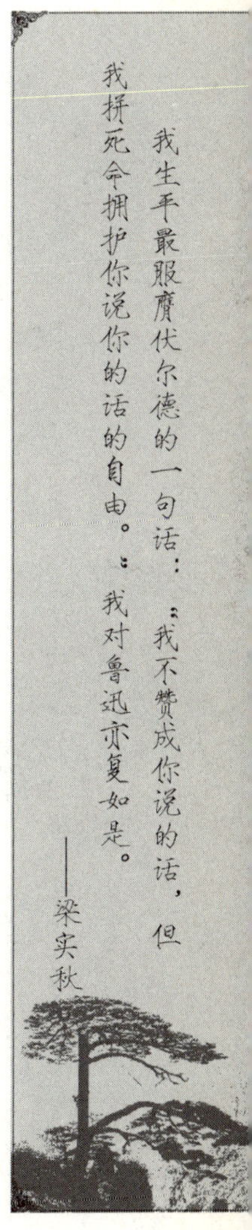

梁实秋与程季淑婚前合影。

送给他的，是一幅亲手织做的刺绣“平湖秋月图”。他父亲特意在儿子的行李中放进中国历史巨著《前四史》，共十四函，告诫儿子不要忘记中华文化。梁实秋在置备行装时还特制了一面一丈多长绸质大国旗。后来，这面大国旗在包括追悼孙中山先生逝世在内的许多集会上，都派上了用场。

71

1923年8月的一天，清华学校60多名学生，在上海浦东码头登上了美国的远洋客轮“杰克逊号”。在船上，梁实秋结识了燕京大学的毕业生许地山。他从前在《小说月报》上拜读过他的文章，认为具有特殊的格调与感人的力量。他说许地山为人敦厚，富有热情与想象，极有风趣。

由许地山介绍，梁实秋又认识了作家冰心，他有点别扭，这是因为他读过冰心的诗集《繁星》与《春水》，很有些不以为然。他认为从《繁星》与《春水》里认识的冰心女士，是一位冰冷到零度以下的女作家。但与冰心相处没有几天，梁实秋便发觉冰心绝不是那种胸怀狭隘之辈，骨子里是一个与人为善、宽厚待人的热心肠人。梁实秋说：“她的胸襟之高超，感觉之敏锐，性情之细腻，均非一般人所可企及。”

1923年9月1日，“杰克逊号”船到达美国西雅图市。梁实秋说：“初到异乡异地，那份感受是够刺激的。离乡背井，心里很是酸楚。”

梁实秋乘火车，路过怀俄明州的夏安市时，要停很长时间，他和同学们趁机下车用餐。他们选择的是车站旁的一个小餐馆，柜台后面坐着一位老者，那老者黄脸黑发，像是中国人，又像是日本人。

梁实秋说：我们刚吃过了饭，那位老者踱过来了。他从耳朵上取下半截长的一支铅笔，在一张报纸的边上写道：“唐人自何处来？”果然，他是中国人，而且他也看出我们是中国人。他一定是广东台山来的老华侨。显然他不会说国语，大概是也不肯说英语，所以开始和我们笔

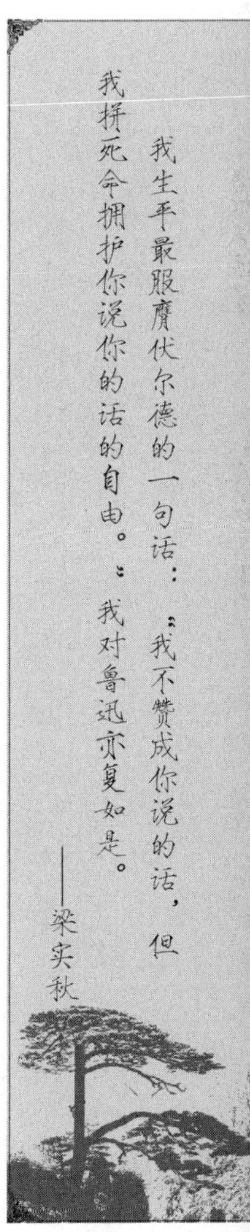

谈。我接过了纸笔，写道："自中国来。"他的眼睛瞪大了，而且脸上泛起一丝笑容。他继续写道："来此何为？"我写道："读书。"

这下子，他眼睛瞪得更大了，他收敛起笑容，严肃地向我们翘起了他的大拇指，然后他又踱回到柜台后面他的座位上。

我们到柜台边去付账。他摇摇头、摆摆手，好像是不肯收费，他说了一句话好像是："统统是唐人呀！"我们称谢之后刚要出门，他又"喂喂"地把我们喊住，从柜台下面拿出一把雪茄烟，送我们每人一支。

我回到车上，点燃了那支雪茄。在吞烟吐雾之中，我心里纳闷，这位老者为什么不收餐费？为什么奉送雪茄？大概他在夏安开个小餐馆，很久没看到中国人，很久没看到中国一群青年，更很久没看到来读书的中国青年。我们的出现点燃了他的同胞之爱。

74

梁实秋等8名清华同学来到科罗拉多大学后，立即成立了"科泉清华同学支部"，梁实秋任书记。

梁实秋给比他早一年到美国芝加哥大学的好友闻一多寄去一封信，里面装着12张当地的自然风光画片。

他在其中的一张背面写了一句话：“你看看这个地方，比芝加哥如何？”没有料到的是，不到一个星期，性格冲动的闻一多，竟一声不吭地提起一只大皮箱离开芝加哥大学，来到了科泉。当闻一多猛地出现在面前时，梁实秋大吃一惊。这之后，两个老朋友开始了更加亲密的同窗生涯，他们在当地一个报馆排字工人家各租了一间房，朝夕相伴。

1924年的一天，梁实秋和闻一多同时收到了一份报纸，那是学生们自己办的一种周报。在这一期刊登了一个美国学生写的一首诗，大意是说中国人的面孔，活像人首狮身谜一般的怪物，整天板着脸，面部无表情，不知心里想的是一些什么事。寄报纸给他们的那个学生，指名要他们回答到底每天在想些什么。他们两个决定，要义不容辞接受这一挑衅。他们

1926年梁实秋于纽约哥伦比亚大学。

我生平最服膺伏尔德的一句话：“我不赞成你说的话，但我拼死命拥护你说你的话的自由。”我对鲁迅亦复如是。

——梁实秋

各写了一首诗，梁实秋的诗题目是《一个支那人的回答》，闻一多的诗题目是《另一个支那人的回答》，共同发表在大学校刊上，作为对那个美国学生的回敬，结果是两个人大出风头，成了校园新闻人物，梁实秋说：“不能不使美国小子们叹服，全校师生以后都对我们另眼看待了。”

76

梁实秋说，中国学生在外国喜欢居住在一起，一部分是由于生活习惯的关系，一部分是因为和优越感的白种人交往，通常不是容易事，也不是愉快事。中国人走到哪里都有强烈的团体精神，实在是形势使然。

77

为了中华民族复兴，在芝加哥大学附近的一个小旅馆里，一批从各地赶来的中国留学生聚到了一起交换意见，在以下原则上取得统一：第一，鉴于当时国家的危急的处境，不愿侈谈世界大同或国际主义的崇高理想，而宜积极提倡国家主义；第二，鉴于国内军阀之专横恣肆，应厉行自由民主之体制，拥护人权；第三，鉴于国内经济落后，人民贫困，主张由国家倡导从农业社会进而为工业社会。

关于成立团体的名称，最后确定为：大江会。象征中国伟大悠久。

在举行成立典礼时，梁实秋从国内带来的那一面一丈开外的五色国旗，第一次派上了用场，悬在正中央，壮观无比。全体成员举起拳头，“余以至诚宣誓，信仰大江的国家主义，遵守大江会章，服从多数，如有违反愿受最严厉之处分。”

78

梁实秋留学哈佛大学，在1924—1925年间受业于白璧德，选读的是“十六世纪以后之文艺批评”一课，梁实秋先是“抱着一种挑战者的心情去听讲的”，因为他原是信奉浪漫主义的。但在课堂上，他很快就为白璧德所折服：“白璧德先生的学识之渊博，当然是很少有的，他讲演起来真可说是头头是道，左右逢源，我初步的反应是震骇。我开始自觉浅陋，我开始认识学问思想领域之博大精深。继而我渐渐领悟他的思想体系，我逐渐明白其人文思想在现代的重要性。”

在接受白璧德思想之后，梁实秋的文艺思想开始转变：我从此了解了什么叫做‘历史的透视’，一个作家或一部作品的价值之衡量，需要顾到他在整个历史上的地位，也还要注意到文艺之高度的严肃性。

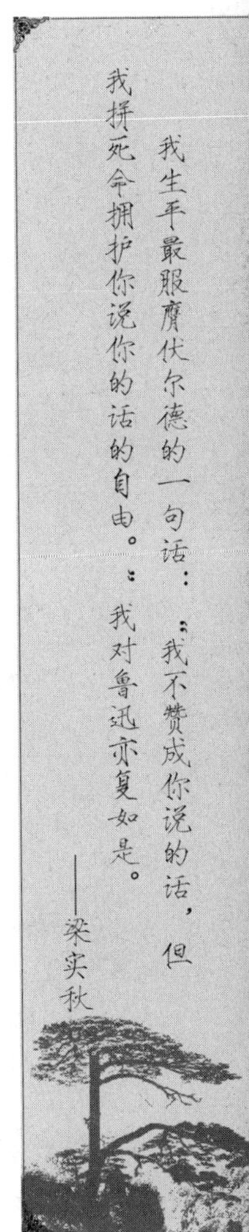

79

梁实秋对老师白璧德的评价是："我受他的影响不小，他使我踏上平实稳健的道路。我读了他的书，上了他的课，突然感到他的见解平正通达，而且切中时弊。"他在晚年回答记者提出的"影响我的几部书"的问题时，把白璧德著《卢梭与浪漫主义》一书，列为自己受影响最大的八部书之一。"平实稳健、平正通达"这八个字，可以说是此后梁实秋终生服膺的人生格言。

80

英国哲学家罗素到美国讲学，梁实秋去拜访他。在社会政治上，罗素反对狭隘的爱国主义，主张泯除国界的世界大同主义。梁实秋希望他对"大江会"的国家主义发表看法，罗素沉吟一阵，最后承认在中国的现状之下只能推行国家主义，否则无以自存。梁实秋说，他的论断给了我们很大的鼓励。

81

梁实秋曾与闻一多策划过一个文化刊物《河图》。他讲："我国前途之危险不独政治、经济有被人征服之虑，且有文化被人征服之祸患。文化之征服甚于他方面之征服百千倍之。”出于这层考虑，他们拟定了一个计划，在《大江》季刊中倡导全面的国家主义；而在《河图》中，则集中宣扬中华文化的国家主义。为什么取名《河图》？他写道：“河马负图，伏羲得之演为八卦，作为文字，更进而为绘画等等，所以代表中华文化之所由始也。”

1925年，梁实秋在《诗人与国家主义》一文中写道：很多诗人不但是爱国，而且还爱爱国的精神；所以他们不只是爱他们自己的国，且进而爱他人的国。诗人不是属于一国的，而属于全人类的，他激发人们的爱国，不是激发一国的国民爱国，而是激发全人类的爱国心。

1926年7月，在美国学习了整整三年的梁实秋回国。

1927年2月，梁实秋同程季淑结婚。到了晚间，他忽然发觉手指上的订婚戒指，不知什么时候被挤掉了，程季淑劝慰他说：“没关系，我们不需要这个。”

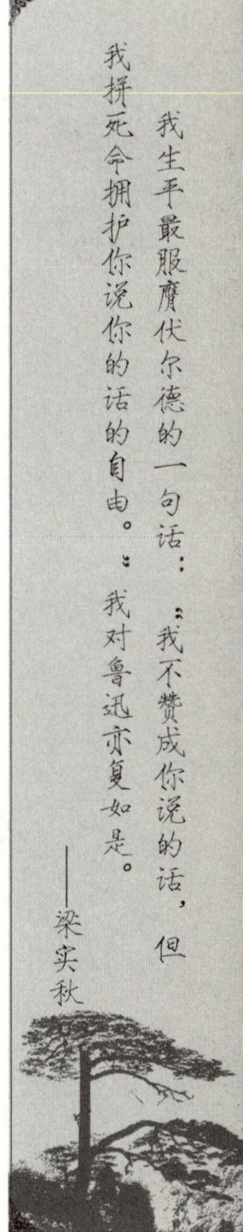

84

1927年，北伐战争爆发，有一天，父亲把梁实秋叫到自己的书房说：“你现在已经结了婚，赶快带着季淑走，机会放过，以后再想离开这个家庭就不容易了。不要糊涂，别误解我的意思。立刻动身，不可迟疑。如果遭遇困难，随时可以回来。我观察这几天，季淑很贤慧而能干，她必定会成为你的贤内助，你运气好，能娶到这样一个女子。男儿志在四方，你去吧！”梁实秋发现，父亲在说这些话时，眼圈红了。

85

梁实秋夫妇来到上海，他找到一份报纸副刊编辑的工作，不管天多晚，妻子总要耐心地等丈夫回来才肯休息。梁实秋说：“世界上没有一个地方比自己的家更舒适。”

86

梁实秋对徐志摩的评价是：“真正一团和气使四座并欢的是志摩。他有时迟到，举座奄奄无生气，他一赶到，像一阵旋风卷来，横扫四座，又像是一团火炬把每个人的心都点燃，他有说，有笑，有表现，有动作，至不济也要在这个的肩上拍一下，那一个的脸上摸一把，不是腋下夹着一卷有趣的书报，便是袋里藏着一札有趣的信札，传示四座，弄得大家都欢喜不置……志摩有六朝人的潇洒，而无其怪诞。”

87

有一天梁实秋、闻一多等人正在潘光旦家里聚会，传来消息说拟议由胡适任新月社的社长，徐志摩担任《新月》月刊的主编。他们立即提出了异议，认为事情不应该这样的由一二人独断独行，应该更民主化。这个意见获得了广泛赞同，徐志摩马上接受了大家的建议。

88

梁实秋喜欢新月社团体内部的那种互不干预、互相独立的宽容气氛，虽为一体，但又各有各的思想路数，各有各的研究范围，各有各的生活方式，各有各的职业技能。彼此不需标榜，更没有依赖，办刊物不为谋利，更没有别的用心，只是一时兴之所至。他最欣赏胡适的一句话：“狮子老虎永远是独来独往的，只有狐狸和狗才成群结队！”

我生平最服膺伏尔德的一句话：“我不赞成你说的话，但我拼死命拥护你说你的话的自由。”我对鲁迅亦复如是。

——梁实秋

89

梁实秋和众人共同编辑的《新月》月刊，自1928年创刊，到1933年6月停刊，其间始终未曾间断，共出了4卷43期。这40多本刊物中，主要收载了诗、小说、散文、戏剧、评论等各种创作，在当时影响很大。

90

胡适1962年去世，梁实秋说：“死者已矣，但恨不见替人！胡先生所毕生倡导的民主自由的精神，科学怀疑的态度，现在是不是还是需要，我们自己在这一方面是不是也有一点点贡献？”

91

梁实秋认为，人世间最大的不平等，莫过于人格地位上的不平等，而检验一个社会是否公正合理，最基本的尺度应该是，是否人人都享有平等地位，人人都拥有尊严。天下最专制的事，无过于压迫思想。

92

梁实秋晚年说：“当时也有人讥笑我们，以为人权云云乃18世纪思想，现在还谈这些陈腐的道理未免落伍。事隔半世纪，国内国外一片呼吁人权之声又复洋洋乎盈耳，当时讥笑我们的人也还有健在的，不知此际，除了随声呐喊之外还有什么感想？”

93

1930年，正在筹建青岛大学的杨振声到上海，邀请梁实秋、闻一多分别主持外文系和国文系的工作。

梁实秋在青岛考察后说：这一行给我们印象最深的是那个车夫，山东大汉，彬彬有礼，车在坡头行走，山上居民接水的橡皮管横亘路上，四顾无人，马车轧过去是没有问题的，但是车夫停车，下车，把水管高高举起，把马车赶过去，再把水管放下来，一路上如此折腾有好几次，车夫不以为烦。若在别的都市里，恐怕一声吆喝，马车直冲过去，说不定还要骂上一句。山东人的特性是外表倔强豪迈，内心敦厚温和。

94

梁实秋到青岛后，开始研读《十三经注疏》和《资治通鉴》《二十一史》。《十三经注疏》系“圈读”，他是在厕所里读完的。《资治通鉴》除圈读外，还加了批注。

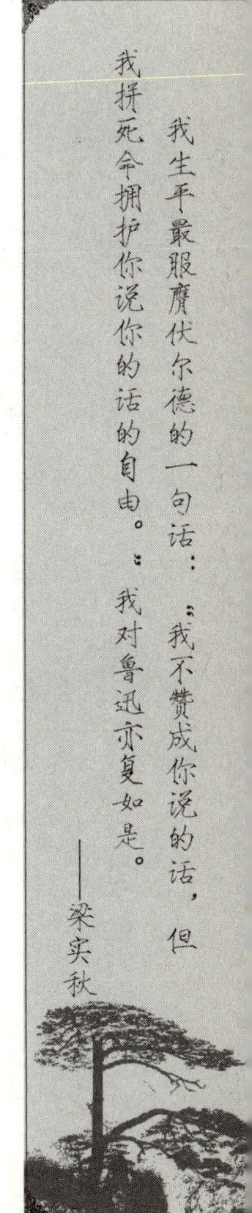

他说："在厕内看书，在枕上看书，是我的毛病，积习难除，不足为训。"

95

关于读书，梁实秋说："人不读书，只是懒而已矣。人而懒，则不可救药。""我不是'读古书成长'的。我是读教科书成长的，到了三十多岁左右之后才发奋读古书。"

96

梁实秋说："读经是一件很重要的事。凡属知识分子，无论专研哪一门学问，必须对经书有相当认识，因为这是中国文化传统之最基本的部分。经不可不读，但是我们要抱着批评的态度去读。子书亦不可不读，尤其是老子、庄子道家一派，因为道家思想支配我们的民族性的养成，其影响力之大似不在儒家思想之下。佛教经典也不可不加涉猎，因为那是外来而加以中国化的一派哲学思想之依据，也是形成我们民族性的要素之一。一个道地的中国人大概就是儒道释三教合流的产品。"

97

梁实秋特别喜欢唐代诗人杜甫，他曾用两年多的时间搜集到60多种杜诗版本，一部《杜诗详注》一直跟了他50年，都被翻烂了。全部1349首杜诗，他全部圈点了一遍。

98

梁实秋说，喝茶要喝好茶，饮酒要饮好酒，为什么读书不读第一流的作品呢？他拟定了一个判断作品优劣的标准，以50年为期，经过50年时间淘汰，而仍不失其阅读价值的，才能称为佳作。

99

在中华教育文化基金董事会翻译委员会任职的胡适，制定了一个翻译莎士比亚全集的计划，他物色了闻一多、徐志摩、陈西滢、叶公超和梁实秋。闻一多、徐志摩等试译后放弃，梁实秋一个人默默地把全部任务承担了起来。他说：“译事中的困难真是一言难尽。37部莎剧并非全是杰作，译者需有耐性。”过了六七年，他译出了八部戏剧，其中包括四部悲剧、四部喜剧；又过了近三十年，才终于译完包括诗集在内的莎士比亚全部作品。

100

梁实秋说给他巨大支持的有三个人，一是胡适，二是

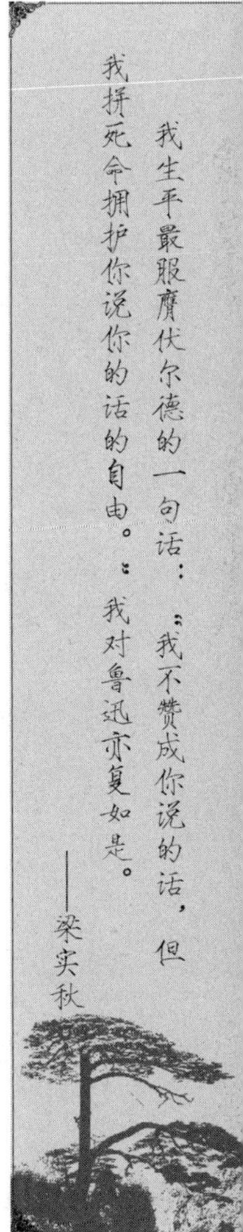

他父亲。他说：“抗战胜利后我回北平，有一天父亲扶着拐杖走到我的书房，问我莎剧译成多少，我很惭愧这八年中交了白卷，父亲勉励我说：‘无论如何要译完它。’我闻命，不敢忘。”三是他的夫人程季淑，他说：“若非她40多年和我安贫守素，我不可能顺利完成此一工作。”

101

梁实秋晚年谈及闻一多在“学者”“诗人”之外又成了一位“斗士”时，他说：“闻一多如何成为‘斗士’，如何斗，和谁斗，斗到何种程度，斗出什么名堂，我一概不知。”

102

梁实秋说：“青岛4年之中我们的家庭是很快乐。我的莎士比亚翻译在这时候开始，若不是季淑的决断与支持，我是不敢轻易接受这一份工作。她怕我过劳，一年只许我译两本，我们的如意算盘是一年两本，20年即可完成。季淑主持家务，辛苦而愉快，从来没有过一句怨言。

103

翻译最重要的是什么，梁实秋说：“忠于原文，虽不能逐字翻译，至少尽可能逐句翻译，绝不删略原文如某些时人之所为，同时还尽可能保留莎氏的标点，要懂原文双关语。文学作品则须顾到文字的许多条件，如声调、音韵、典故、譬喻、句法等等。”

104

闻一多平时给学生讲课，习惯发出“呵呵”的声音。在1932年的学潮中，梁实秋有一次与闻一多路经一座教室，无意中在黑板上发现一首打油诗：

“闻一多，闻一多，

你一个月拿四百多，

一堂课五十分钟，

禁得住你呵几呵？”

105

有一次，梁实秋和闻一多在一座教室的黑板上，看到一幅漫画，画的是一个乌龟和一只兔子。旁边注了一行字：闻一多与梁实秋。

闻一多问梁实秋：“哪一个是我？”梁实秋说：“任你选择。”

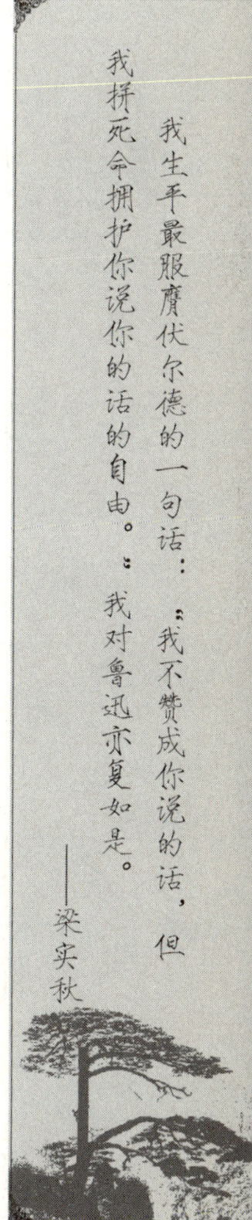

106

梁实秋常把闻一多同徐志摩放到一起比较来谈，说他们两人都是“浪漫派”，其区别在于，闻一多沉郁，而徐志摩轻灵；闻一多以功力取胜，而徐志摩以灵感见长。

107

梁实秋最敬佩胡适的地方，主要在于：胡适是最完整集中地体现出了传统知识分子极看重的学问道德的现代学人。

胡适平生大节无亏，在任何情况下都绝无依傍，决不借助身外的力量以自重，始终保持了一个自由知识分子的独立人格。

108

梁实秋回忆说：胡适的家庭就是一个小小的社交场所，每逢星期日，家庭开放，来者不拒，经常是高朋满座，包括许多慕名而来的后生。他与人为善，有教无类的精神是尽人皆知的。我在上海中国公学教书的时候，亲见他在校长办公室不时的被学生包围，大部分是求他的墨宝。他是来者不拒，常累得满头大汗，一口气写二三十副对联是常事。在北京大学的时候，他的宾客太多，无法应付，乃订于每星期六上午公开接见来宾，把他的寓所挤得爆满。他乐于和青年学子、一般人士接触，平易近人。

109

梁实秋景仰胡适一贯坚持的“但开风气不为师”的精神。梁实秋说：“一个人在一生中有限的岁月里，能做的事究竟不多。真富有创造性或革命性的大事，除了领导者本身才学经验之外，还有时代环境的影响，交相激荡，乃能触机而发，震烁古今。少数人登高一呼，多数人闻风景从。开风气的事，一生能做几次？”胡适在新文化运动时代提倡白话文、新文学革命，新月社时代提倡思想自由和人权运动，在梁实秋看来，都是足以传之千秋的不朽功业。

110

梁实秋非常喜欢胡适的人生格言：“大胆地假设、小心地求证、认真地做事、严肃地做人。”他把这几句话，当作自己治学处世的律条。

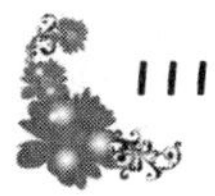
111

梁实秋说中国的一句古话是对胡适的最好评价：“视思明，听思聪，色思温，貌思恭，言思忠，事思敬，疑思

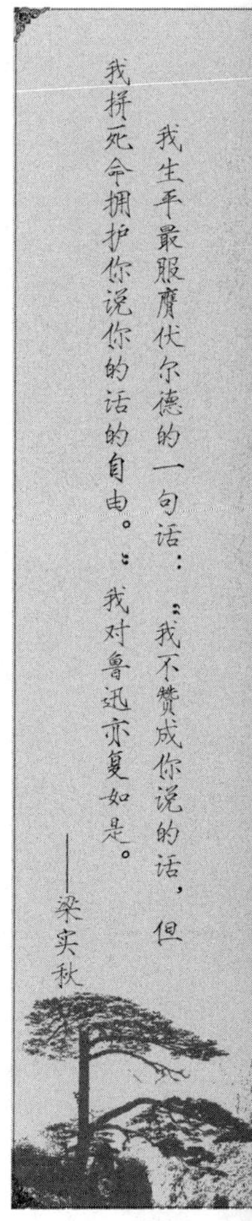

问，忿思难，见得思义。”

112

发生在20世纪20年代末的鲁迅与梁实秋的论战，是中国现代文学史上重大事件之一。论战进入最高潮的标志，是鲁迅著名杂文《“丧家的”“资本家的乏走狗”》的发表。论战的结局，使梁实秋感到了寒心。他在80多岁时说：

“《新月》没有具体组织，没有政治野心，不想对任何人作战。我挺身说几句话，主要的是想维护文学的尊严与健康，有人拿文艺当武器，这也未尝不可，抓起切菜刀杀人也是常有的事，不足为奇，不过一定要说文艺只有武器的作用，切菜刀只有杀人的效能，那就离谱太远。

鲁迅从来没正面和我辩论过，他总是旁敲侧击，枝枝节节的做文章，并且时而称人为‘正人君子’，时而称人为‘白璧德的门徒’，好像是帽子一经戴上便休想摘去。

我与鲁迅的论战，实际上不成为论战，因为论战要有个题目，要有个范围，鲁迅没有文学的主张，他没有写过一篇文章陈述他的文学思想。

鲁迅的文章实在是写得好，所谓‘辣手著文章’庶几近之，但是距‘铁肩担道义’则甚远。讲道理他是不能服人的，他避免正面辩论，他采迂回战术，绕着圈子旁敲侧击，做人身攻击。不过他文章写得好，遂赢得许多人欣赏，老实讲，在左派阵营中还很难再找出第二个像他这样的人才。”

113

梁实秋1927年前后与鲁迅争论，鲁迅批评他的“人性论”，他批评鲁迅的“阶级论”。他的“人性论”的主张十分确定，到了晚年也没有动摇一丝一毫。这是他新人文主义思想的基石。他后来回忆说：“我当时的文艺思想是趋向于传统的稳健的一派，我接受五四运动的革新的主张，但是我也颇受哈佛大学教授白璧德的影响，并不同情过度的浪漫的倾向。同时我对于当时上海叫嚣最力的‘普罗文学运动’也不以为然。我自己觉得我是处于左右两面之间。”

114

梁实秋对鲁迅的创作成就一直有高度评价。在20世纪30年代初与左翼论争结束后不几年，他在评价新文学运动以来的作家时，认为鲁迅等5人成就最大：“鲁迅的散文是恶辣，著名的刀笔，用于讽刺是很深刻有味的，他的六七本杂感是他的最大的收获。”

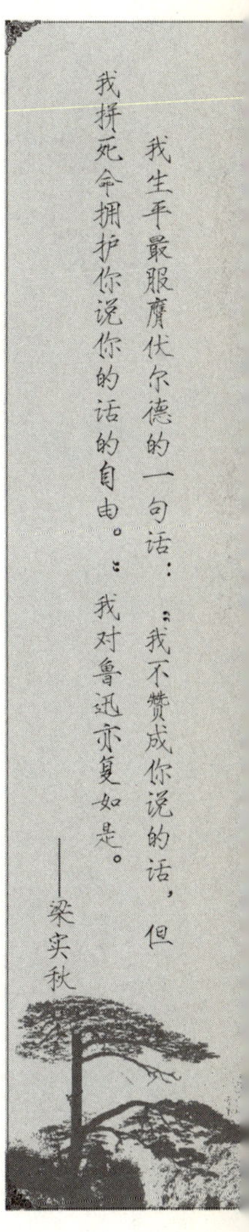

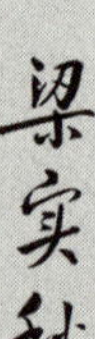

115

一位研究梁实秋的专家说：他的整个人生历程相当平淡，缺乏大波大澜，然而，谁又都得承认，他是一个成功者：他的生活是成功的，十分圆满地按照自己的意志和信念生活了一辈子；他的事业是成功的，著述等身，影响深远，被台湾文化界尊为一代文宗。

116

1934年，梁实秋出版了《偏见集》，这个集子的文章多写于1928年至1934年，有《文学与革命》《文学是有阶级性的吗？》《人性与阶级性》等，其主旨都是反对文学的阶级论。从政治的角度看，代表了文坛的自由主义思潮，与当时左翼文学运动背道而驰。

117

梁实秋主张文学基于人生体验，坚持文学是人生的反映，这也是他评价整个新文学得失的主要标准。他在现代文学史上充当了反主题的角色。因此，他被称作自由主义知识分子。

118

梁实秋认为：对“物性”规律的把握，使科学技术产生了飞速的进步，人类由此摆脱了长久以来物质匮乏的困境，充分享受到工业文明所带来的丰裕的成果。但人类这一现代化的进程，同时也包含着其负面成分，“物性”的“脱缰”、无限制发展，助长了物欲的恶性膨胀，引发了从人与人之间的尔虞我诈、到国与国之间的世界大战的种种劣迹与罪行；而当商品经济的交换逻辑，渗入到人们所有的社会关系中去，人势必成了纯粹的功利主义者，这一系列人文精神的失落，也就意味着人性的泯灭。

119

对于把文学批评等同于科学方法，梁实秋予以反驳：“文学批评不是科学。文学批评根本的不是事实的归纳，而是伦理的选择，不是统计的研究，而是价值的估定。凡是价值问题以内的事务，科学不便过问。”

“文艺的创作没有一个呆板的固定的公式。用‘唯物史观’‘经济的解释’‘阶级性’‘斗争的武器’……等等来作为文艺理论的基础，不是错误的使用科学方法，便是另有用意。所谓‘科学的’这个名词，至此已失掉原有

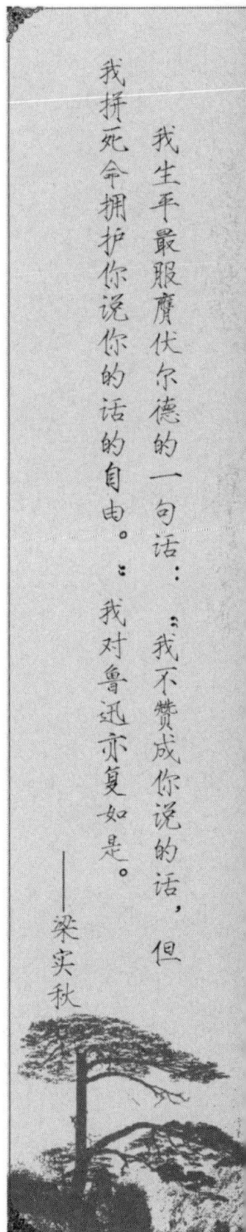

的意义。”

120

梁实秋说：“把文学当作‘武器’，这是很明白，就是说把文学当作宣传品，当作一种阶级斗争的工具。我们不反对任何利用文学达到另外的目的，这与文学本身无害，但是我们不能承认宣传式的文学便是文学。”

121

面对内忧外患，梁实秋说：“假如一个政府对外只知道在睦邻的美名之下屈服，而对内则在建立中心思想的名义下实行统治，我敢断言这个政府是不会长久的。”北平当局曾派熟人进行游说，企图用金钱封住他的笔，但被梁实秋断然拒绝。

122

1937年7月28日，北京城失陷，梁实秋痛哭失声，对大女儿梁文茜说：“孩子，明天你吃的烧饼就是亡国奴的烧饼。”

梁实秋处于危险之中，一天，北大的一位同事告知：“有熟人在侦缉队里，据称你我二人均在黑名单中。走为上策。”离家前夕，梁实秋写了一份遗嘱。他说：“戎火连天，割离父母妻子远走高飞，前途渺渺，后顾茫茫，这时候我联想到‘出家’真非易事。”

123

梁实秋长女梁文茜回忆说：“七七事变，卢沟桥一声炮响抗日战争开始，爸爸认为天下兴亡，匹夫有责，以一介书生竟想投笔从戎。深夜和妈妈长谈计议，如何安排好我们三个孩子的生活，爸爸打算到后方参加抗日工作，我记得那是一个不眠之夜，我缩在被窝里，偷偷听爸爸和妈妈说话，那时我将十岁，不太懂事，但看他们那副严肃的神情和低声滔滔不绝的商量事情，我心里也预感将要有什么大事发生。是的，果然不久爸爸就一个人毅然决然地走了。妈妈没有哭，但很紧张，我问妈妈：‘爸爸干吗去？’妈妈小声告诉我说‘打日本’。”

124

梁实秋出逃的第一站是天津，他住在《益世报》总编辑罗隆基家中。他说：“努生（即罗隆基）有一幅详细的大地图，他用大头针和纸片制作好多面小旗，白的代表日寇，红的代表我军，我们每天晚上一面听无线电广播，一

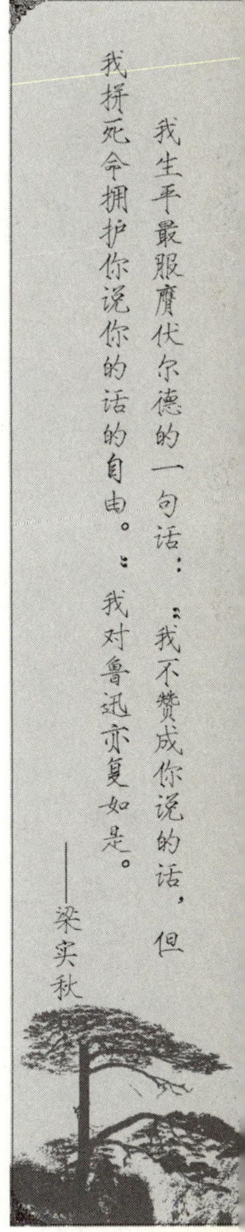

面按照当时战况将红旗白旗插在地图上面。令人丧气的是津浦线上白旗咄咄逼人，红旗步步后退。我们紧张极了，干着急。”

125

梁实秋在南京停留两天，接到命令要他急速离开南京，在长沙待命。教育部还发给他二百元钱旅费与“岳阳丸”头等船票一张。到达长沙后，几个来自北京的大学教授集合在一起，商议了一下，决定由大家筹措旅费，推举一个人北上接数家的眷属。最后，这个任务落在了梁实秋身上。

他说：船泊天津大沽口外，日军不许进港口，每日检疫一次，海上拘禁二十余日，食少衣单，狼狈不堪。登岸后投宿皇宫饭店，立即通电话给夫人程季淑，第二天她携带冬衣到天津与我相会。乱离重逢，相拥而泣。

126

1938年初，梁实秋被选为国民参政会的参议员。国民参政会由各社会团体、各界名流组成，是战时全国团结一致对外的象征。毛泽东、周恩来、林伯渠、董必武、邓颖超、秦邦宪、陈绍禹等都是其中的成员。议长最早是汪精卫，他投敌叛国后由蒋介石继任。

127

1938年下半年，梁实秋来到重庆，偶遇主持国民党《中央日报》的程沧波，他邀请梁实秋为报纸办一个副刊。《平明》副刊在这年的12月1日正式发刊。

梁实秋写的一篇《编者的话》，引发了轩然大波，造成了日后无可挽回的“宣扬与抗战无关论”的名声。左翼作家纷纷发表文章予以反对，其中一篇写道“活在抗战时代，要叫人作无关抗战的文字，除非他不是中国人，然而他终于提出要求来了。他的用意是非常明显的。他要我们的作者，从战壕、从前线、从农村、从游击区，拖回到研究室去。”

128

面对左翼作家的愤怒批判，梁实秋保持了沉默，直到1939年4月1日，他结束了与报馆的关系，在报纸上刊出一则简明的《梁实秋告辞》。他说：

“我不说话，不是我自认理屈，是因为我以为没有说错话。四个月的‘平明’摆在这里，其中的文章十之八九是‘我们最为欢迎’的‘与抗战有关的材料’，十之一二

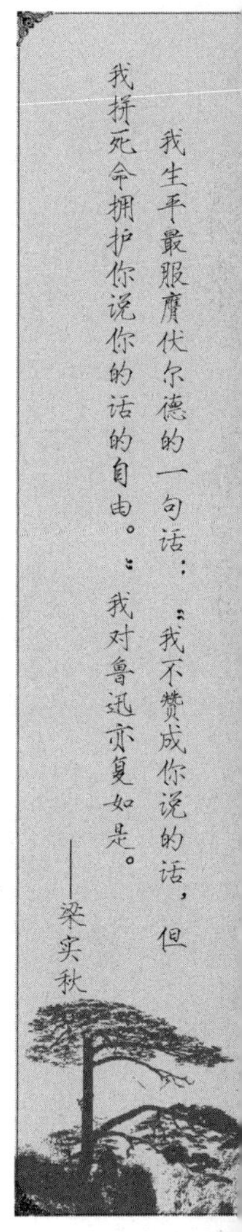

是我认为‘也是好的’的‘真实流畅’的‘与抗战无关的材料’……所有误会，无须解释，自然消除。所有的批评与讨论，无须答辩，自然明朗。所有的谩骂与诬蔑，并没有伤害着了我什么。”

129

1938年底，梁实秋在主持重庆《中央日报》副刊《平明》上的一段编者的话，又引起了一场争论。他说：“文字的性质并不拘定。不过我有几点意见。现在抗战高于一切，所以有人一下笔就忘不了抗战。我的意见稍微不同，与抗战有关的材料，我们最为欢迎，但是与抗战无关的材料，只要真实流畅，也是好的，不必勉强把抗战硬搭上去。至于空洞的‘抗战八股’是没有益处的。”

在抗日救国的紧要关头，梁实秋这样的话特别容易产生反感情绪。罗荪批评道：“在今日的中国，想找‘与抗战无关’的材料，纵然不是奇迹，也真是超天才了。”还有人说：“展开全面抗战的今日的中国，除了汉奸而外，每一个中国人的所作所为，实在决不能许可他‘与抗战无关’的。时至今日，我们的文艺作家笔下当真有‘与抗战无关’的材料，那除非是汉奸文学。”

这一场长达一年半之久的论争，从一开始就不是一个单纯的关于创作题材的文学话题，它更是一个时代话题。应该承认，反对梁实秋的文艺家的主要动机，源于对抗日救国的强烈责任感和维护抗战文学的巨大热情，他们的基本观点都是可取的。但毋庸讳言，也有某些论者攻其一点，无限夸大，且有些话用语过重，有谩骂味道，如“汉奸”“资敌”“住别墅”等。梁实秋起初还辩解，后来干脆就以沉默相对抗，多少有点不屑之意。

有专家认为，1938年编报纸副刊发表选稿宗旨，被左翼批评家加上了鼓吹“与抗战无关论”的帽子痛斥。这件公案一直延续到1980年在巴黎召开抗战文学国际研讨会，各方仍然争执不下。这是故意曲解的冤案，因为梁实秋的文章白纸黑字都在那里，明明先说的是“与抗战有关的材料，我们最为欢迎”，然后接着说“但是与抗战无关的材料，只要真实流畅，也是好的，不必勉强把抗战硬搭上去”，怎么可以断章取义乱打“抗战无关”的棍子呢？

从1939年直到现在的几十年中，绝大多数《中国现代文学史》教科书里，梁实秋一直因为“宣扬与抗战无关

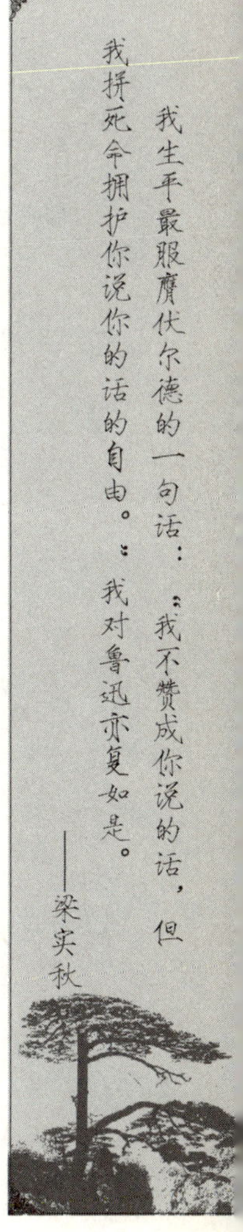

论”而受到无情的审判，并称他是资产阶级文艺理论家，其用心是企图抵制和取消抗战文艺。并说梁实秋打着反对“抗战八股”的旗号，实际上透露了他对抗战文艺的敌意和不满情绪，他鼓吹“与抗战无关”的谬论，其目的在于诱使文艺脱离为抗战服务的正确方向。

132

20世纪30年代的中国文坛，大致可分为左翼无产阶级文学、自由主义文学、民主主义文学、国民党民族主义文学和大众通俗文学五大阵营，而最为激烈的冲突，是在左翼无产阶级文学与自由主义文学两大阵营之间展开。

为新文学注入阶级意识、无产阶级意识，是左翼文学的最大特色，也是30年代文学区别于五四及20年代文学的显著标志。30年代自由主义文学思潮与左翼文学论争的焦点，是以人性论与阶级性对峙，以创作自由论与阶级工具论抗衡。在这两方面，梁实秋是这一时期自由主义文学理论的代表性人物。

133

梁实秋并不是绝对反对文学反映时代性与阶级性，而是强调文学不应在注重反映时代性与阶级性的时候，而忘记了文学表现人性的根本追求，正如他在《诗与诗人》中指出的那样：“诗人的作品，除了它的时代性，还有永久性。”对于文学与阶级性的关系，梁实秋也不排斥，只不过他反对将文学的阶级性夸大化和绝对化。

134

1939年5月3日，日军空袭重庆市，梁实秋记载了这一惨案：在临江门夫子庙一带，大街上一长列盖着草席的死尸，草席短，每个死尸的两只光脚都露在外面。在一朋友家中，忽然防空警报又急骤地响了起来，其声呜呜，令人惊心动魄。紧急中不知该如何躲避，忽然一声巨响，房檐一角坍下，灰尘弥漫，炸弹爆炸声接连而至。抬头观看，四处起火。他们先是不约而同地钻到一张大硬木桌底下，随后恍然若悟，又一齐夺路逃出门外。这时，大街上已是一片混乱。有宪兵大声吼叫道：“到江边去，到江边去！”组织人群疏散。直至黑天，他们才随着人流，摸索着爬下陡坡，到达海棠溪的沙洲上。坐在沙洲上，仰视重庆市，已是一片火海。直到午夜过后，火势渐小，才挣扎着爬上陡坡回去。这就是“五四大轰炸”。

> 我生平最服膺伏尔德的一句话：“我不赞成你说的话，但我拼死命拥护你说你的话的自由。”我对鲁迅亦复如是。
>
> ——梁实秋

135

在抗日战争时期，梁实秋和同事编写教科书几十本，源源不断地供应到后方各地学校使用，他说：“抗战期间我有机会参加了这一项工作，私心窃慰，因为这是特为抗战时期需要而作的。”

136

1940年以后，梁实秋领导的教科书编委会被编入国立编译馆，他被委任为社会组主任兼翻译委员会主任。社会组主管的是战时民众读物及剧本的制作，以宣扬中国文化及鼓励爱国打击日寇为目的，他们很快编出了二百多种。

翻译委员会成果主要是，译出了《罗马史》、亚里士多德的《诗学》、康德的《三批判书》。

137

“雅舍”是梁实秋在北碚居住的一所瓦屋。他说：屋在一座向阳的山坡上，一共6间，分作三个单位，各有房门出入。窗户要糊纸，墙是竹篾糊泥刷灰，地板踩上去颤悠悠的吱吱作响，是标准的四川乡下的低级茅舍。梁实秋住两间，另外几间，住着他的朋友吴景超夫妇和两个孩子。房子没有门牌，为便于和外界邮递交往方便，有必要给住所起个名字。梁实秋在大家协商时建议用龚业雅的名字，叫“雅舍”。定名后，他们找来一块木牌，由梁实秋亲笔题写“雅舍”二字，竖在土坡下面，使往来行人一眼即可望到。时间不长，木牌被人偷走当劈柴烧了火。不过，“雅舍”名字却不胫而走，广为人知。

梁实秋在一篇文章写道：“故我与邻人彼此均可互通声息。邻人轰饮作乐，咿唔诗章，喁喁细语，以及鼾声，喷嚏声，吮汤声，撕纸声，脱皮鞋声，均随时由门窗户壁的隙处荡漾而来，破我岑寂。入夜则鼠子瞰灯，才一合眼，鼠子便自由行动，或搬核桃在地板上顺坡而下，或吸灯油而推翻烛台，或攀援而上帐顶，或在门框桌脚上磨牙，使得人不得安枕……比鼠子更骚扰的是蚊子。‘雅舍’的蚊风之盛，是我前所未见的。‘聚蚊成雷’真有其事！每当黄昏时候，满屋里磕头碰脑的全是蚊子，又黑又大，骨骼都像是硬的。在别处蚊子早已肃清的时候，‘雅舍’则格外猖獗，来客偶不留心，则两腿伤处累累隆起如玉蜀黍。”

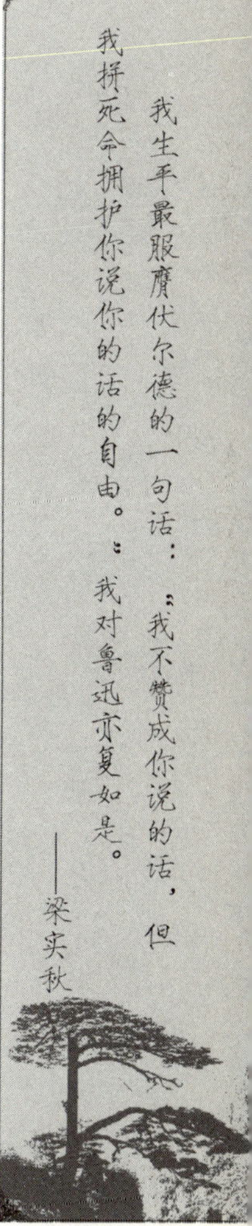

139

1940年1月，国民参政会组织他们华北慰劳观察团，到前线各战区慰问抗敌将士，梁实秋积极参加。

一行六人自重庆出发，先后到过成都、凤翔、西安、洛阳、郑州、襄樊、宜昌，然后返回重庆，行程数千里，历时两个多月，访问了七个集团军。梁实秋说："两个多月的战地生活，增长了我的经验和见识。我看到了敌人的残酷，士兵的辛劳，同时也看到了平民、尤其是华北乡下的平民的贫困与愚暗。回到重庆，大家争来问讯，问我在前方有何见闻。平时足不出户，哪里知道前方的实况？真是一言难尽。军民疾苦，惨不忍言。"

140

梁实秋在襄樊与张自忠将军会了面。张将军是著名的爱国将领，他率部队驻扎在湖北襄樊的襄河南岸。河对岸，就是日军。梁实秋说：这司令部是一栋民房，真正的茅茨土屋，外间放着一张长方形木桌，像是会议室。里间是寝室，床上放着薄薄的一条棉被，简单到令人不能相信其中有人居住的程度。但是整洁干净，一尘不染。

141

梁实秋对张自忠将军的评价是：“他有一个高高大大的身躯，不愧为北方之将，微胖，推光头，脸上刮得光净，颜色略带苍白，穿普通的灰布棉军服，没有任何官阶标识。他不健谈，更不善应酬，可是眉宇之间自有一股沉着坚毅之气，不是英才勃发，而是温恭蕴藉的那一类型。他见了我们只是闲道家常，对于政治军事一字不提。”他感慨道：“自奉俭朴的人方能成大事，讷涩寡言笑的人方能立大功。”

142

华北慰劳观察团由凤翔抵达西安后，按照原定计划，要由西安出发直到延安，要到共产党领导的八路军战区内慰劳视察。正当他们准备出发时，一封毛泽东亲自签发的电报，给梁实秋浇了一瓢冷水。电报的内容是：慰劳团中有余家菊、梁实秋二人，本处不表欢迎，余家菊为国家主义派，梁实秋则拥汪主和，与本党参政员发生激烈冲突，如必欲前来，当飨以高粱酒玉米面。参政会接到电报后，当即通知慰劳团取消了延安之行。

对此，梁实秋说：“汪之叛国出走，事出突然，出走

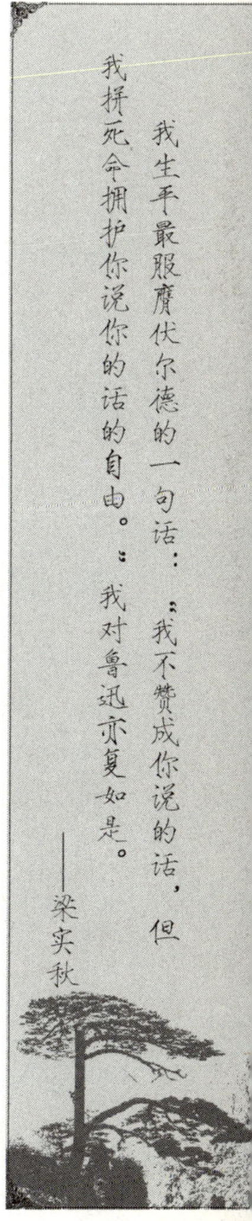

之前并无主和之说，更没有任何人拥汪之可能。但是我因此而没有去瞻仰延安的机会，当时倒是觉得很可惜的。”

143

梁实秋的第一本散文集名为《雅舍小品》，雅舍散文后来成为梁实秋散文的特定称谓，优雅为梁实秋散文的基本格调。他的优雅风格并不是来自对世俗生活的对抗，恰恰相反，他的散文始终不排斥日常的世俗生活，而优雅正是来自对待日常世俗生活的旷达态度。

144

梁实秋说：“我不论住在哪里，只要住得稍久，对那房子便发生感情，非不得已我还舍不得搬。这‘雅舍’，我初来时仅求其能蔽风雨，并不敢存奢望，现在住了两个多月，我的好感油然而生。虽然我已渐渐感觉它并不能蔽风雨，因为有窗而无玻璃，风来则洞若凉亭，有瓦而空隙不少，雨来则渗如滴漏。”

145

到了中年，梁实秋不但不慨叹青春易逝，反而说：“中年的妙趣，在于相当的认识人生，认识自己，从而作自己所能作的事，享受自己所能享受的生活。”

146

抗战八年，梁实秋在雅舍生活了六七年，他曾说：“‘雅舍非我所有，我仅是房客之一’。但思‘天地者万物之逆旅’，人生本来如寄，我住‘雅舍’一日，‘雅舍’即一日为我所有。即使此一日亦不能算是我有，至少此一日‘雅舍’所能给予之苦辣酸甜，我实躬受亲尝。”雅舍“似家似寄，我亦分辨不清”。

147

梁实秋在雅舍定居不久，《星期评论》杂志约他办一个专栏，每期一篇，每篇两千字，龚业雅特感兴趣，每有新作，她总是第一个读者，读后往往笑得前仰后合。在她经常不断的催促之下，激发了梁实秋的创作热情，一下子

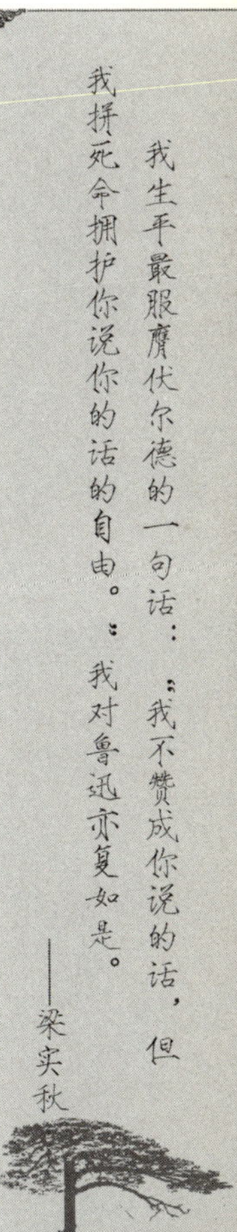

写出了几十篇，分别发表于《星期评论》《时与潮副刊》《世纪评论》、天津《益世报·星期小品》等报刊。抗战胜利后，梁实秋返回北京，《雅舍小品》的创作遂告结束。

148

《雅舍小品》结集成书于1947年，梁实秋请好友龚业雅写了序言，准备由商务印书馆出版，内战爆发，他匆匆离开北京，直到1949年赴台湾定居，才由正中书局出版。出书前，书局没有依照惯例发广告，梁实秋感到奇怪，对方回答：“好书不需要广告。”

149

《雅舍小品》自1949年出版后流行海内外，至少已发行了50余版，创中国现代散文发行的最高纪录。

150

抗战爆发后，梁实秋惦念冰心安危，写去一封长信，使冰心深受感动，她在复信中说：“大札较长，回诵之余，感慰无尽。”“如今环境又静美，正是应当振作时候，甚望你常常督促，省得我就此沉落下去。”

151

有一次，梁实秋在雅舍聚会。冰心在梁实秋的一本册页簿上题写道：“一个人应当像一朵花，不论男人或女人。花有色、香、味，人有才、情、趣，三者缺一，便不能做人家的一个好朋友。我的朋友之中，男人中只有实秋最像一朵花——虽然是一朵鸡冠花，培植尚未成功，实秋仍须努力！”

152

有一天，梁实秋看望老舍，第一印象是：凄凉。他说：“老舍为人和蔼可亲，平易近人，但是内心却很孤独。”他是“充满对穷人的同情，希望穷人的生活能够改善，但是他并不摆出所谓‘革命’的姿态。这是他的宽厚处，激烈刚肠，但是有他的分寸。他沉着，他不张牙舞爪”。他说老舍是“一个规规矩矩的、和和气气的、而又窝窝囊囊的北平旗人”。

153

在一次募款劳军晚会上，老舍自告奋勇要说一段相声，他选择了梁实秋做搭档。排练时，老舍一再强调：说

我生平最服膺伏尔德的一句话：“我不赞成你说的话，但我拼死命拥护你说你的话的自由。”我对鲁迅亦复如是。

——梁实秋

相声第一要沉得住气，放出一副冷面孔，永远不许笑，而且要控制住观众的注意力，用干净利落的口齿，在说到紧要处，使出全副气力，斩钉截铁一般，迸出一句俏皮话，则全场必定爆出一片喝彩声而哄堂大笑。他们选定了《新洪羊洞》和《一家六口》两个传统段子。演出前，梁实秋反复叮咛老舍：表演到用折扇敲头的时候，千万只可略为比划而无需真打，老舍答应。演出过程中，老舍激动起来，抡起大折扇狠狠地朝梁实秋额头敲去，他大吃一惊：“我看来势不善，向后一闪，折扇正好打落了我的眼镜，说时迟，那时快，我手掌向上两手平伸，正好托住那落下来的眼镜，我保持那个姿势不动，喝彩声历久不绝，有人以为这是一手绝活儿，还高呼：‘再来一回’！”

154

“文化大革命”中老舍自杀，梁实秋说：“父子都是惨死，一死于八国联军，一死于‘四人帮’的爪牙。前者以旗兵身份战死于敌军炮火之下，犹可说也。老舍一介文人，竟也死于‘文艺黑线专政’论的毒箭之下，真是惨事。”他说：“像老舍这样的一个人，一向是平正通达、与世无争，他的思想倾向一向是个人主义者、自由主义者，他的写作一向是属于写实主义，而且是深表同情于贫苦的大众。何况他也因格于形势而写出不少的歌功颂德的文章，从任何方面讲，他也不应该有那样的结局。”

155

抗日战争胜利后，梁实秋来到南京。在这里，他看到国民党党政军官员所演出的“五子登科”丑剧，感到恶心。他和妻子商议后决定，尽快找借口离开南京，回到北平，从事教育工作。在北京师范大学任教，并把荒废多年的莎士比亚戏剧翻译工作重新展开。

156

1948年冬，解放军开始进攻北平，梁实秋根据自己对中国政治形势的理解，作出如下判断：国民党虽然不喜欢他的思想信仰，但能容忍他。只要他不是有意识地从事危及国民党统治的行为，尽可以宣扬他的思想学说、翻译他的莎士比亚、写他的雅舍小品。正是基于这种分析，他做出决断，离开北平。

157

梁实秋的大女儿梁文茜回忆当时的情景：

“记得十分清楚，我去送爸爸上火车，小妹文蔷哭得

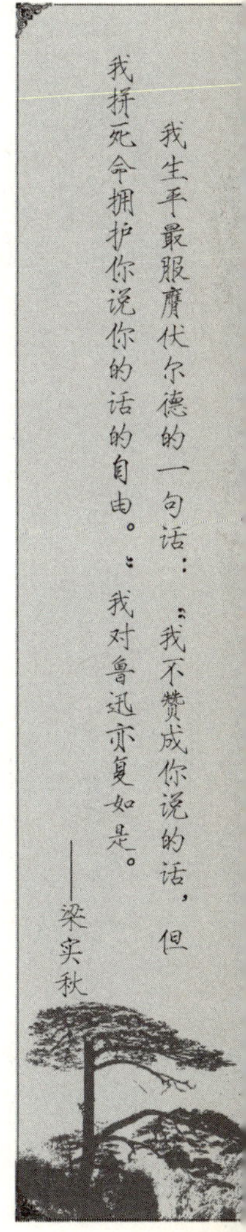

抬不起头来，弟弟愣着不言语，只有爸爸含泪隔着火车的窗户对我招手，只说了一句‘保重’，隔着眼镜我也看见爸爸眼睛红红的流下泪珠。火车开动了，越走越快。这时我忽然想起还有一句话要说，便拼命地跑啊跑啊追火车，赶上去大声喊：‘爸爸你胃不好，以后不要多喝酒啊！’爸爸大声回答我说‘知道了。’火车越走越远，一缕青烟，冉冉南去，谁能想到这一分手就是四十年。”

158

梁实秋在1948年12月13日先期到达天津，订好了南下的船票，等待第二天夫人程季淑来天津后一起南行。不料，程季淑为了处理家务事，延误了一点时间，以致遇到形势紧急，京津交通中断。梁实秋在约定时间没有接到妻子，急忙打电话到家。已经没办法出城的程季淑果断地告诉丈夫：“急速南下，不要管我。”梁实秋在无奈情况下，只好乘船而走，南下香港。

159

梁实秋在一篇文章中，回忆了他夫人程季淑如何离开北平的情景：“自我走后，季淑与文茜夫妇同居数日，但她立刻展开活动，决计觅求职业自力谋生，她说：‘沮丧没有用，要面对现实积极的活下去。’……他们立刻把消息传到师大，校长袁敦礼先生及其他同事们都表示同情，答应设法给她觅取一份工作。数日内消息传来，说政府派有两架飞机北来迎取一些学界人士南下，其时城外机场已陷，城内炮声隆隆，临时在城内东长安街建造机场。季淑接到紧急电话通告，谓名单中有我的名字，她可以占用我的座位，须立即到北京饭店报到，一小时内起飞云云。她没有准备，仓促中提起一个小包袱衣物就上了飞机，出乎意料的，机上的人很少，空位很多。绝大多数的学界人昧于当前的局势，以为政局变化不会影响到教育。”

程季淑飞抵南京后，乘火车到上海，后在广州中山大学与丈夫团圆。

160

梁实秋对佛教经典早有接触，南来广州后，他开始深层次参悟。并到六榕寺参拜了禅宗六祖慧能的塑像，一位法师见他虔心礼佛，特赠送他一部自己著的《金刚经讲话·附心经讲话》。

梁实秋说：人到颠沛流离的时候，很容易沉思冥想。在丧乱中我开始思索生死这一大事因缘。

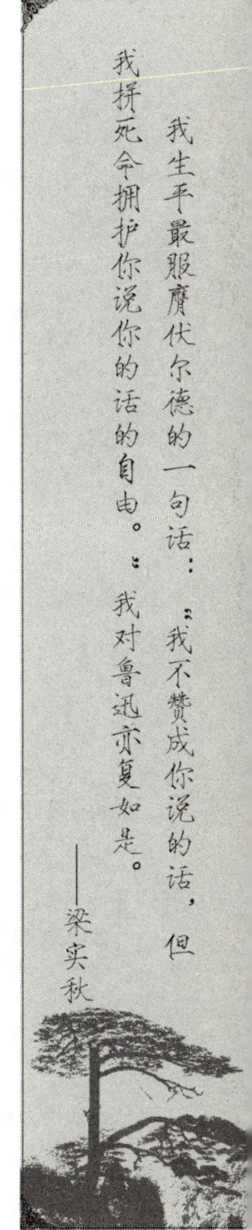

161

什么是禅宗的顿悟？梁实秋说："说穿了即是要人一下子打断理性的逻辑的思维，停止常识的想法，蓦然一惊之中灵光闪动，于是进入一种不思善不思恶无生无死不生不死的心理状态。在这状态之中得见自心自性，是之谓明心见性，是之谓言下顿悟。"

162

解放军渡过长江，进军南京，梁实秋再度陷入极度的苦闷和彷徨中。那些日子，究竟该往哪个方向逃跑，成了他与朋友们议论的中心。梁实秋说："有一位朋友说他在四川万县有房有地，吃着无虞，欢迎我们一家前去同住。有一位朋友说他决计远走高飞到甘肃兰州，以为那是边陲，世外桃源。有一位朋友忽然闷声不响，原来他是打算去香港暂时观望徐图靠拢。"他凭着对中国政坛复杂情势的独特理解，决定去台湾，他接受国民党政府教育部长杭立武的邀请，重新回到国立编译馆。

163

梁实秋一家在1950年6月到达台北，在朋友们的帮助下，在德惠街一号暂时居住下来。梁实秋描述了当时的情景：

“德惠街当时是相当荒僻的地方，街中心是一条死水沟，野草高与人齐，偶有汽车经过，尘土飞扬入室扑面，在榻榻米上睡觉是我们的破题儿第一遭，躺下去之后觉得天花板好高好高，季淑起身时特别感觉吃力。过了两三个月，我买来三张木床，一个圆桌，八个圆凳，前此屋内只有季淑买来的一个藤桌四把藤椅。这是我们的全部家具，一直用了20多年直到离开台湾始行舍去。有一天齐如山老先生来看我，进门一眼看到室内有床，惊呼曰：‘吓，混上床了！’这个‘混’字（去声）来得妙，混是混事之谓，北方土语谓在社会上闯荡赚钱谋生为‘混’。”

164

国立编译馆为梁实秋派了一名19岁的女仆来料理家务事，相处很好。时间不长，这位女仆一天天消瘦下来，不思饮食，天天以泪洗面。程季淑经了解才知道她的艰难处境，急需要钱。梁实秋的夫人把她手中剩存美金三十元全部送给了她。

165

梁实秋所在的编译馆馆长一职，本来由杭立武兼任。

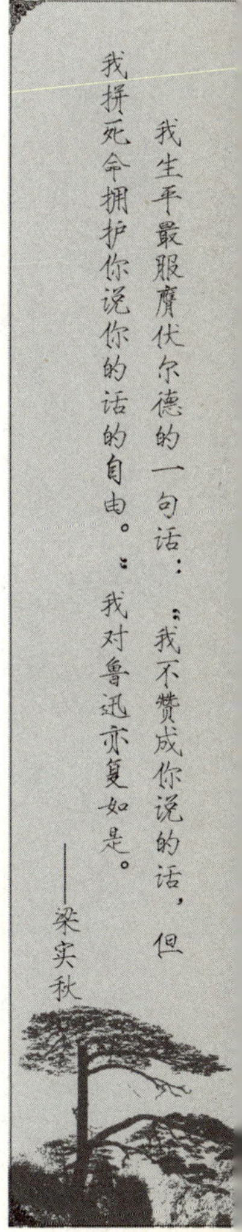

后来人员增加，各方面的工作较多，杭立武无暇兼顾，就让梁实秋代理。一位朋友拍着梁实秋的肩头开玩笑说："你现在是杭立武的人了！"梁实秋勃然变色："我生平独来独往不向任何人低头，所以恓恓惶惶一至于斯，如今无端受人讥评，真乃奇耻大辱。"

166

梁实秋夫人提醒说："你忘记在四川时你的一位朋友蒋子奇给你相面，说你'一身傲骨，断难仕进'？假设有一天，朋比为奸坐地分赃的机会到了，你大概可以分到大股，你接受不？受则不但自己良心所不许，而且授人以柄，以后永远被制于人。不受则同僚猜忌，唯恐被你检举，因不敢放手胡为而心生怨恨，必将从此千方百计陷你于不义而后快。我愿省吃俭用和你过一生宁静

梁实秋与程季淑摄于台北师范大学。

的日子，我不羡慕那些有办法的人之昂首上骧。”正是这样，梁实秋辞去了代理了九个月的馆长职务，而且干脆彻底脱离了编译馆，到台湾省立师范大学做教师。

167

55岁的梁实秋听从朋友的劝告，1958年他的设计理念是：下决心买了一块地皮自建房屋。

“房求其小，院求其大，因为两个人不需要大房，而季淑要种花木故院需宽敞。室内设计则务求适合我们的魂牵梦萦，她不喜欢我独自幽闭在一间书斋之内，她不愿扰我工作，但亦不愿与我终日隔离，她要随时能看见我。于是我们有一奇怪的设计，一联三间房，一间寝室，一间书房，中间一间起居室，拉门两套虽设而常开。我在书房工作，抬头即可看见季淑在起居室内闲坐，有时我晚间工作亦可看见她在床上躺着。这一设计满足了我们的相互的愿望。季淑坐在中间的起居室，我曾笑她像是蜘蛛网上的一只雌蜘蛛，盘踞网的中央，窥察四方的一切动静，照顾全家所有的需要，不愧为名副其实的一家之主。”

168

这一时期的生活状况，梁实秋说：“我没有忘记翻

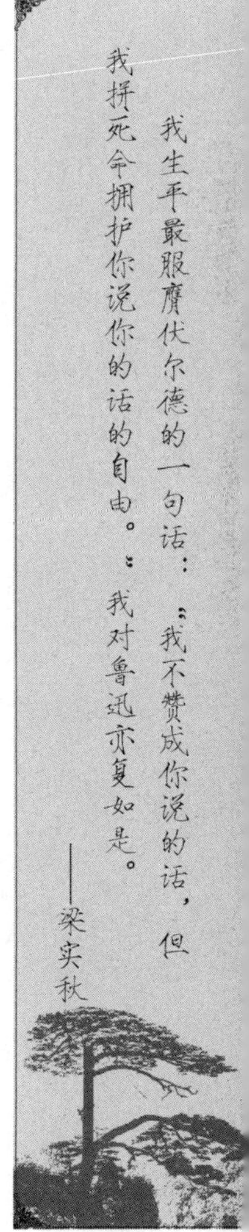

译莎氏戏剧，我伏在案头辄不知时刻，季淑不时地喊我：‘起来！起来！陪我到院里走走。’她是要我休息，于是相偕出门赏玩她手栽的一草一木。我翻译莎氏，没有什么报酬可言，穷年累月，兀兀不休，其间也很少得到鼓励。”

169

梁实秋夫妇喜爱养花，在妻子主持下，他们养了几十盆洋兰和素心兰。有一次在阳明山上的石隙中间看见一株小草，叶子像是竹叶，但不是竹，他夫人试一抽取，连根拔出，遂小心翼翼的裹以手帕带回家里，栽在盆中灌水施肥，居然成一盆景。

170

有一天，台湾师大一工友来到梁实秋家，他在门外就闻到了花香气，他希望摘下几朵，梁实秋的夫人问他有什么用途，他说：‘我的母亲最爱此花，最近她逝世了，我想讨几朵献在她的灵前。’程季淑大受感动，为之涕下，以后他每次来，不等他开口，只要枝上有花，必定摘下一盘给他。

171

在大陆，直到80年代，在权威著作介绍梁实秋时，有这样的表述：“梁实秋，浙江杭县（今余杭）人，新月社主要成员，国家社会党党员。他经常宣传白璧德的新人文主义理论。”而对“新月社”的解释是：“以一些资产阶级知识分子为核心的文学和政治团体……他们先是依附北洋军阀，1927年蒋介石叛变革命后，转而投靠国民党，同时鼓吹‘英国式的民主’，重提‘好政府主义’的主张，在文学上竭力攻击革命文学运动。”

172

关于人生的思考，梁实秋感悟道：我们生到世上，全非自愿。糊里糊涂的，神差鬼使的，我们被捉弄到这尘世中来。来的时候，不曾征求我们的同意，将来走的时候，亦不会征求我们的同意。我们是从哪里来的，我们不知道。我们最后到哪里去，我们也不知道。我们所知道的就是这生、老、病、死的一个片断。”“所谓生死，不了断也自然了断，我们是无能为力的。我们是被动的。”

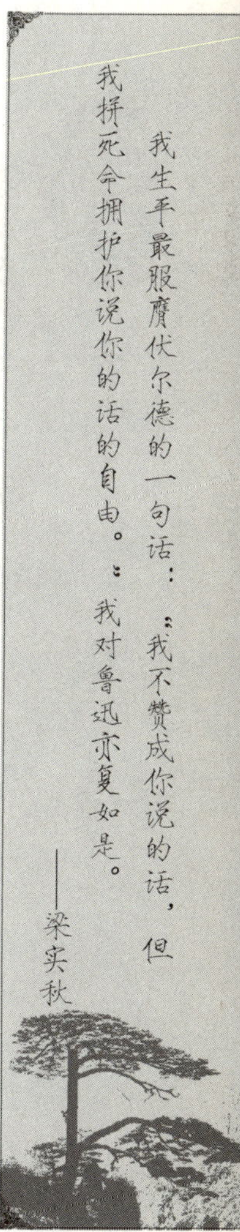

173

到台湾后，梁实秋应约写过一篇《关于鲁迅》。他说："其实，我是不愿意谈论他的。前几天陈西滢先生自海外归来，有一次有人在席上问他：'你觉得鲁迅如何？'他笑而不答。我从旁插嘴：'关于鲁迅，最好不要问我们两个。'西滢先生和鲁迅冲突于前，我和鲁迅辩难于后，我们对鲁迅都是处于相反的地位。我们说的话，可能不公道。"

174

台湾一直禁止印行鲁迅著作，对此，梁实秋说："我个人并不赞成把他的作品列为禁书。我生平最服膺伏尔德的一句话：'我不赞成你说的话，但我拼死命拥护你说你的话的自由。'我对鲁迅亦复如是。我写过不少批评鲁迅的文字，好事者还曾经搜集双方的言论辑为一册，我觉得那是个好办法，让大家看看谁说的话有理。"

175

梁实秋说："鲁迅一生坎坷，到处'碰壁'，所以很自然地有一股怨恨之气，横亘胸中，一吐为快。怨恨的对象是谁呢？礼教、制度、传统、政府，全成了他的泄愤的对象。他是绍兴人，也许先天的有一点‘刀笔吏’的素质，为文极尖酸刻薄之能事，他的国文的根柢，在当时一般白话文学作家里，当然是出类拔萃的，所以他的作品（尤其是所谓杂感）在当时确是难能可贵。他的文字，简练而刻毒，作为零星的讽刺来看，是有其价值的。他的主要作品，即是他的一本又一本的杂感集。但是要作为一个文学家，单有一腹牢骚，一腔怨气是不够的，他必须要有一套积极的思想，对人对事都要有一套积极的看法，纵然不必构成什么体系，至少也要有一个正面的主张。鲁迅不足以语此。”

176

对鲁迅的作品如何评价，梁实秋说：比较精彩的是他的杂感。但是其中有多少篇能成为具有永久价值的讽刺文学，也还是有问题的。所谓讽刺的文学，也要具备一些条件。第一，用意要深刻，文笔要老辣；在这一点上鲁迅是好的。第二，宅心要忠厚，作者虽然尽可愤世嫉俗，但是在心坎里还是一股爱，而不是恨，目的不在逞一时之快，不在‘灭此朝食’似的要打倒别人。在这一点上我很怀疑鲁迅是否有此胸襟。第三，讽刺的对象最好是一般的现

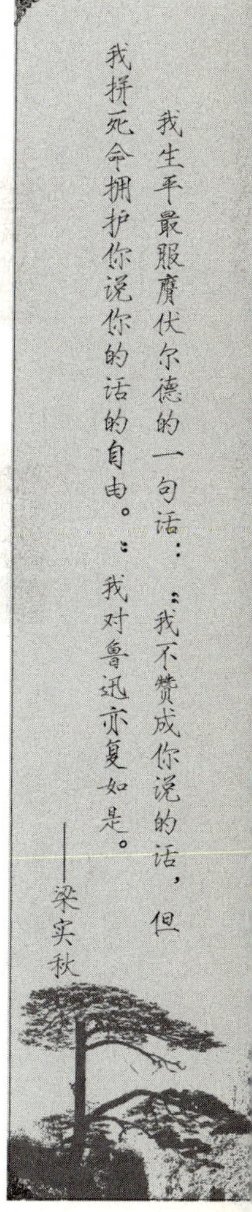

象，或共同的缺点，至少不是个人的攻讦，这样才能维持一种客观的态度，而不流为泼妇骂街。鲁迅的杂感里，个人攻讦的成分太多，将来时移势转，人被潮流淘尽，这些杂感还有多少价值，颇是问题。第四，讽刺文虽然没有固定体裁，也要讲究章法，像其他的文章一样，有适当的长度，有起有讫，成为一整体。鲁迅的杂感多属断片性质，似乎是兴到即写，不拘章法，可充报纸杂志的篇幅，未必即能成为良好的文学作品。”

177

梁实秋曾撰文回忆张自忠将军牺牲后的哀悼情景：“张将军灵榇由重庆运至北碚河干，余适寓北碚，亲见民众感情激动，群集江滨。遗榇厝于北碚附近小镇天生桥之梅花山。山以梅花名，并无梅花，仅一土丘蜿蜒公路之南侧，此为由青木关至北碚必经之所在，行旅往还辄相顾指点：‘此张自忠将军忠骨长埋之处也。’”

178

梁实秋后来得了老年性糖尿病，在饮食上，按特制食谱吃。遇到必须参加的宴会，程季淑便预先特制一份“三文治”，放在梁实秋口袋里。等到宴会开始，他只能取出三文治，看着满桌的佳肴美味，而不能吃。

179

1958年3月，梁实秋26岁的小女儿梁文蔷，离开台湾到美国读书，行前梁实秋夫妇与女儿有一个约定，即每周互通书信一封，以寄情思。在随后至1987年10月梁实秋过世的近30年中，除去与女儿相聚一起时不需写信之外，梁实秋共给小女儿写过家书1134封，其中自1958年到1972年梁实秋夫妇卖掉台湾房产、迁至美国与女儿同住，共计514封，由梁实秋夫妇合写；另外620封是自1974年程季淑去世至梁实秋辞世近14年中，由他一人写给小女儿和女婿的。

180

梁文蔷在《长相思：槐园北海忆双亲》一文中写道：“写信是爸爸生命中很重要的一环。他爱收信、爱写信、爱发信、爱藏信。我很难想象，如果没有邮局，他的生活会变成什么样。1972年爸妈迁美与我同住。我们为了筹备迎接他们，决定买房搬家。买新房条件之一是必须近邮局。我常喜调侃爸爸，说他一辈子只会做两件事，一是写稿子，二是上邮局。”

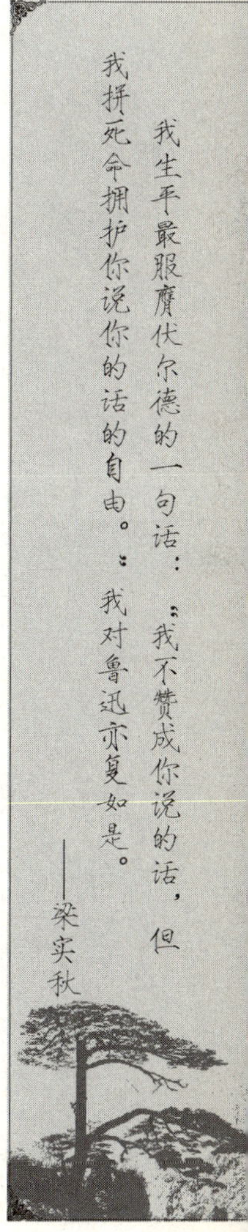

181

梁实秋的《槐园梦忆》是怀念发妻亡灵、寄托哀思之作，为此他曾在书桌上方写一警句：“加紧写作以慰亡妻在天之灵”。梁文蔷说：“爸爸的家书可称细腻，轻轻的几句淡描，勾出了凄怆悲戚的心境，铁心人也会为之动容。爸爸的信如其散文，文白相掺。常引古人句，或吟诗填词以抒情。但几无例外，所有诗词皆为感伤之作。不知为什么，人在得意快乐时就没心思去咬文嚼字地寄情诗词了。”

182

梁文蔷回忆说：“爸爸早年最大的收藏，当推爸爸留美时爸妈互写的情书。那是分量很重的一大捆信，密藏在一个细长的小柜中。这个小柜在有雕木罩盖的古式大床的两侧下方，小柜没有锁。尘封的那捆信就藏在小柜深处，外面放满了妈妈的鞋。我小时候喜欢趁妈妈不在家时，偷穿妈妈的高跟鞋，没想到把鞋取出后，发现在黑洞洞的柜底有一大卷纸。我用长棒把它钩了出来，信纸上全是密密麻麻的蝇头小楷。那时，我太小，还不识几个字，更不明白什么叫情书，只知道有些神秘，很害怕。所以，一声不响地又把信放回小柜最深处，佯作不知。1948年冬，爸爸仓促离平时，付之一炬。为了此事，妈妈十分伤心。”

183

有一天，梁实秋夫妇散步，邻家一个小女孩站在门口，手指着程季淑说：“你老啦，你的头发都白啦。”回家后，夫人说：“我想去染头发。”梁实秋说：“千万不要。我爱你的本色。头白不白，没有关系，不过我们是已经到了偕老的阶段。”

从这天开始，他下定决心退休。他的想法是：“我需要更多的时间享受我的家庭生活，也需要更多的时间译完我久已应该完成的《莎士比亚全集》。”

184

梁实秋63岁时在台湾师范大学退休，有一年要换身份证，他在职业一栏里填的是“某校教授（退休）”字样，但发下来一看，却变作了一个“无”字。后来，他刻了一方图章，上面有四字“无业之人”。

185

梁实秋在正式离职的告别宴会上说：“老不必叹，更

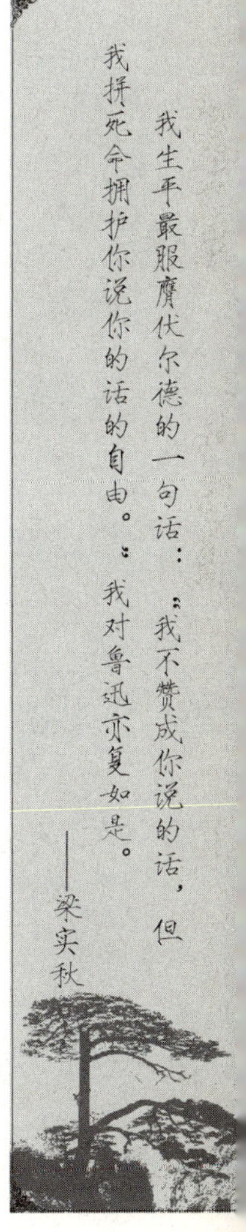

不必讳。花有开有谢，树有荣有枯。”“人吃到老，活到老，经过多少狂风暴雨惊涛骇浪，还能双肩承一喙，俯仰天地间，应该算是幸事。”“叹也无用，乐也无妨，生、老、病、死，原是一回事。有人讳言老，算起岁数来斤斤计较，按外国算法还是按中国算法，好像从中可以讨到一点便宜。更有人老不歇心，怕以皤皤华首见人，偏要染成黑头。半老徐娘，驻颜无术，乃乞灵于整容郎中化妆师，隆鼻隼，抽脂肪，扫青黛眉，眼睚涂成两个黑窟窿。‘物老为妖，人老成精。’人老也就罢了，何苦成精？”

186

梁实秋退休之后，专找那些没有游人肯去的地方，和夫人一道去玩。他说：“我有午睡习惯，饭后至旅舍辟室休息，携手走出的时候，旅舍主人往往投以奇异的眼光，好像是不大明白，这样一对老人到这里来，是搞什么勾当。有一天季淑说：‘青草湖好不好？’我说：‘管他好不好！去！’一所破庙，一塘泥水，但是也有一点野趣，我们的兴致很高。更有时季淑备了卤菜，我们到荣星花园去野餐，也能度过一个愉快的半天。”

187

退休之后的家庭生活，梁实秋如此写道：“她每隔两日提篮上市，我必与俱。她提篮，我携皮包，缓步而行，绕市一匝，满载而归。市廛摊贩几乎无人不识这一对皤皤老者，因为我们举目四望，很难发现再有这样一对。回到家里，倾筐倒箧，堆满桌上，然后我们就对面而坐，剥豌豆，掐豆芽，劈菜心……差不多一小时，一面手不停挥，一面闲话家常。随后我就去做我的工作，等到一声‘吃饭’我便坐享其成。12时午饭，6时晚饭，准时用餐，往往是分秒不爽，多少年来总是如此。”

梁实秋与第一位夫人程季淑在台北安东街寓所。

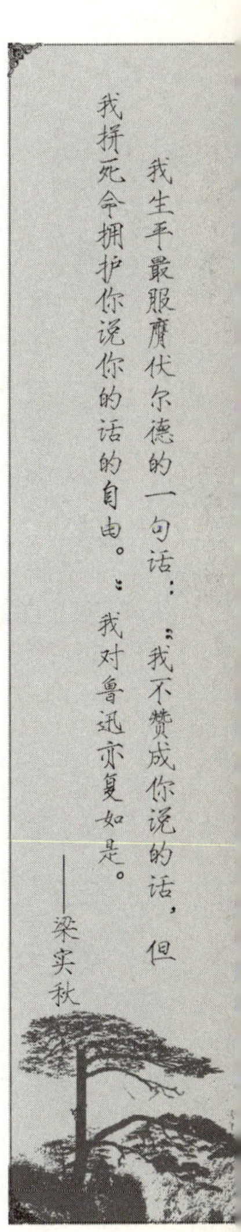

188

1967年，由梁实秋一个人翻译的莎士比亚37种剧本

全部出齐。8月6日，台湾的“中国文艺协会”等团体联合发起，在台北举行了盛大庆祝会，《中华日报》报道说梁实秋是“三喜临门”：“一喜，37本莎翁戏剧出版了，这是台湾省的第一部由一个人译成的全集；二喜，梁实秋和他的老伴结婚40周年；三喜，他的爱女梁文蔷带着丈夫和两个宝宝由美国回来看公公。”女作家谢婉莹在庆祝会上发言：“莎氏全集的翻译之完成，应该一半归功于梁夫人！”

此后，梁实秋又用了一年时间，译完了莎士比亚的三部诗集。至此，莎翁全集40册完成。

189

60岁之后，梁实秋的听力衰减，开始觉得别人说话的声音越来越小，后来就听不清了，他认为这是正常的生理新现象。关于耳聋，梁实秋有精彩超然的观点：聋子也有很大的便利。因为凡是不愿或不便回答的问题，一概可以不动声色地置之不理，顾盼自若，面部无表情，大模大样地作大人物状，没有人疑心到你是装聋。他一再地咛问，你一再地充耳不闻，事情往往不了了之。试想，可以省却多少是非！又可以避免多少尴尬！人世间的声音太多了，虫啾、蛙鸣、蝉噪、鸟啭、风吹落叶、雨打芭蕉，这一切自然的声音都是可以容忍的，唯独从人的喉咙里发出来的音波和人手操作的机械发出来的声响，往往令人不耐。

190

1968年春，梁实秋重读一篇外国人写的小说，说的是一对夫妇年轻时结婚没条件做“蜜月旅行”，直到年老退休后领到一笔退休金，才实现愿望，补做了一次蜜月旅行。梁实秋心情激动，立即向妻子提议：去美国游历，探视女儿一家。夫人觉得花费精力金钱，没什么实际意义，不愿去。梁实秋急得拿起那篇小说，大声给她读小说中的一句话：“什么，一个新娘子拒绝和她的丈夫做蜜月旅行！”夫人一下子同意了。

191

在美国首都华盛顿，梁实秋说：“美国总统是民选的，地位虽然崇高，但有固定任期，非终身制，非世袭制，他居住的地方称宫称室其实均无不可。不过英文‘白

我生平最服膺伏尔德的一句话：“我不赞成你说的话，但我拼死命拥护你说你的话的自由。”我对鲁迅亦复如是。

——梁实秋

屋'二字，民主意味特别浓厚，给人一种与众不同的清新之感。可译成中文后却变成了'白宫'，虽然听起来更响亮一些，但民选总统不需要这样大的威风。

192

1968年，老朋友顾一樵来到梁实秋家中，告诉他冰心死了，他非常悲伤。后来，读到谢婉莹的《哀冰心》一文："冰心和她的丈夫吴文藻双双服毒自杀了。"他更加信以为真："冰心今年六十九岁，已近古稀，在如今那样的环境里传出死讯，无可惊异。看样子，她是真死了。她在日本的时候写信给赵清阁女士说：'早晚有一天我死了都没有人哭！'似是一语成谶！可是'双双服毒'，此情此景，能不令远方的人一洒同情之泪！"为抒发哀思，他写作了《忆冰心》，发表在台北《传记文学》的十三卷第六期。

193

梁实秋在海外听到的冰心之死是一次误传，1972年春天，凌叔华从英国伦敦寄给梁实秋一封信，告诉他冰心依然健在。梁实秋急忙检阅有关资料，终于在5月24日的香港《新晚报》上，读到一篇标题为《冰心老当益壮酝酿写新书》的报道。不久，梁实秋又看到香港的报道：

“他俩还活在人间，刚由湖北孝感的‘五七干校’回到北京。他还谈到梁实秋先生误信他们不在人间的消息所写下的悼念亡友的文章。冰心说，他们已看到这篇文章。这两口子如今都是七十开外的人。冰心现任职于‘作家协会’，专门核阅作品，作成报告交予上级，以决定何者可以出版，何者不可发表之类。至于吴文藻派什么用场，未见道及。这二位都穿着皱巴巴的人民装，也还暖和。曾问二位夫妇这一把年纪去干校，尽干些什么劳动呢？冰心说，多半下田扎绑四季豆。他们在‘文化大革命’时期，曾被斗争了三天。”

梁实秋鼻子发酸，热泪满眶，他更深切地体会到大陆知识分子的心灵痛苦。他说：“现在我知道冰心未死，我很高兴，冰心既然看到了我写的哀悼她的文章，她当然知道我也未死。这年头儿，彼此知道都还活着，实在不易。”

194

1968年6月9日，梁实秋在读《中央日报》时，读到一则消息：

“以写作手法新颖，自成一格……的作者沈从文，不久以前，在大陆因受不了迫害而死。听说他喝过一次煤

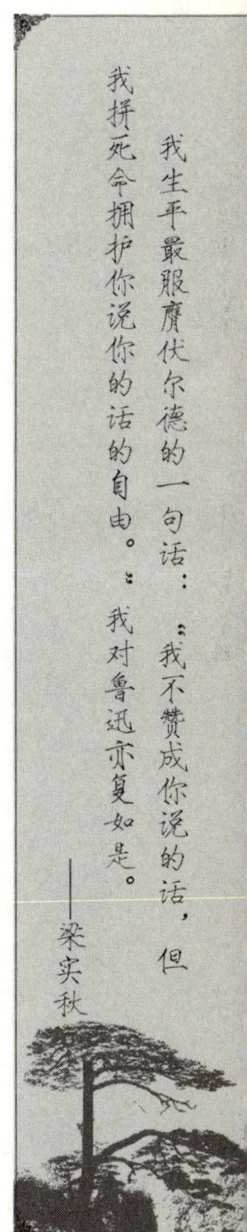

油，割过一次静脉，终于带着不屈服的灵魂而死去了。”梁实秋又一次陷入巨大的悲痛之中。

梁实秋在中国公学教书，沈从文也由胡适、徐志摩大力举荐到中大教书。在此期间，他了解到沈从文的不少轶事。梁实秋回忆道：“他是很紧张很内向的人，一个钟头的课准备了，却半个小时就说完了，只好下课。后来他一个钟头的课就准备两小时的材料。”“他班上有个女学生叫做张兆和，沈从文喜欢她，写信给她，她没看，都放在一个匣子里。沈从文平时不太与人交往，追求张兆和不成时，曾要跳楼自杀，这是学校里的人说给我听的。张兆和不胜其扰，就把一满匣的信拿去给校长胡适之，说你的教员写信给我，造成我很大的困扰。胡适问她预不预备回信？她说不回，胡适说，你不妨看看他的信，要不要交往？喜欢也可交往，不喜欢也不是太大的错。张兆和回家看信是写得真不错，开始交往，这就是现在的沈从文太太。”

195

1972年，中美两国正式建立外交关系，在台湾立即引起了强烈震动。梁实秋在对时局认真研究后，终于下定决心，卖掉台湾房子，迁移到美国去。

196

谈起夫人程季淑，梁实秋说：“我有凌晨外出散步的习惯，季淑怕我受寒，尤其是隆冬的时候，她给我缝制一条丝绵裤，裤脚处钉一副飘带，绑扎起来密不透风，又轻又暖。像这样的裤子，我想在台湾恐怕只此一条。她又给我做了一件丝绵长袍，在冬装中这是最舒适的衣服，第一件穿脏了不便拆洗，她索性再做一件。做丝绵袍不是一件简单的事，台湾的裁缝匠已经很少人会做。季淑做起来也很费事，实在是过于辛苦。我说我愿放弃这一奢侈享受，她说：‘你忘记了？你的狐皮袄我都给你做了，丝绵袍算得了什么？’

我的生日在腊八那一天，所以不容易忘过。天还未明，我的耳边就有她的声音：‘腊七腊八，冻死寒鸦儿，我的寒鸦儿冻死了没有？’我要她多睡一会儿，她不肯，匆匆爬起来就往厨房跑，去熬一大锅腊八粥。等我起身，热乎乎的一碗粥已经端到我的跟前。这一锅粥，她事前要准备好几天，跑几趟街才能勉强办齐几样粥果，核桃要剥皮，瓜子也要去皮，红枣要刷洗，白果要去壳——好费手脚。我劝她免去这个旧俗，她说：‘不，一年只此一遭，我要给你做。’她年年不忘，直到来了美国最后两年，格

我生平最服膺伏尔德的一句话：“我不赞成你说的话，但我拼死命拥护你说你的话的自由。”我对鲁迅亦复如是。

——梁实秋

于环境，她才抱憾地罢手。”

197

1973年，梁实秋腊八生日时，程季淑戴上老花镜，拿过纪念册，在上面画了一幅兰花。第二年是甲寅年，正是梁实秋的本命年，腊八那天，程季淑又在同一本纪念册上，写上了一个“一笔虎”，并在旁边写道：

“华：

明年是你的本命年，

我写一笔虎，

祝你寿绵绵，

我不要你风生虎啸，

我愿你老来无事饱加餐。

季淑”

198

到台湾后，每逢过旧历年，程季淑都建议要祭祀祖先，她对梁实秋说：“别的不提，祖先是不能不祭的。”祭礼时，她只在厅堂正中，立上梁家列祖列宗的灵位，梁实秋心里不安，提议也给岳母立一个灵位，以便一同拜祭，尽一点孝意。程季淑坚持以为不可，只说另外焚一些冥镪便是。于是，每至岁暮，两个人便一起虔诚地折锡箔、写纸包袱，而后由程季淑一人去焚送。程季淑明知这一切都是形式，但她说："除此以外，我们对于已经弃养的父母，还能做些什么呢？"

199

程季淑很会持家，她说："到了衣食无缺的地步之后，便不该是'量入为出'，应该是'量入为储'，因为你不知道什么时候你将有不时之需。"正由于此，梁实秋家始终维持了一种实惠而俭朴的生活水平，绝不为社会流行的时髦风尚所动。他说："东西不破，不换新的。一根绳，一张纸，不轻抛弃。院里树木砍下的枝叶，晒干了之后留在冬季烧壁炉。鼓励消费之说与分期付款的制度，她是听不入耳的。"

200

程季淑对金钱之事，看得很开很透。梁实秋回忆道："她常说：'贫家富路'，外出旅行的时候绝不吝啬；过年送出去的红包，从不缺少；亲戚子弟读书而膏火不继，朋友出国而资费不足，她都欣然接济。我告诉她有一位朋友遭遇不幸急需巨款，她没有犹豫就主张把我们几年的储

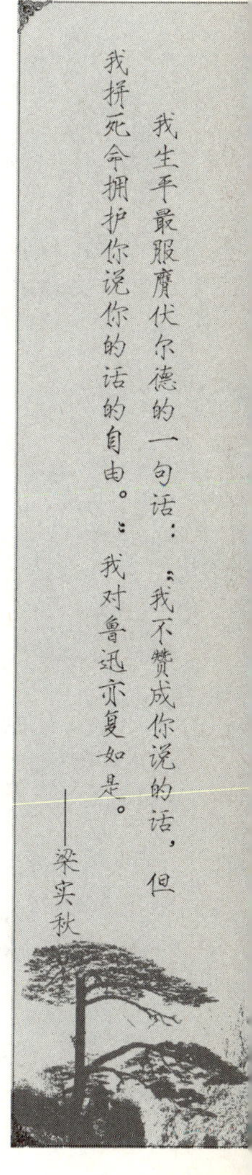

蓄举以相赠，而且事后她没有向任何人提起。”

201

由台北来到美国的西雅图，梁实秋夫妇总是掩不住乡愁。他伤感地说：一棵大树，从土里挖出来，移植到另外一个地方去，都不容易活，何况人？人在本乡本土的文化里根深蒂固，一挖起来总要伤根，到了异乡异地水土不服自是意料中事。

202

梁夫人程季淑的身体明显衰老，后来，连上楼都感到了极大困难。每当饭后上楼时，她只能四肢着地地爬上去。那时，她喜欢穿一件宽宽大大、毛毛茸茸的黑色上衣。爬楼时，梁实秋时常戏言：“黑熊，爬上去！”程季淑即掉转头对着丈夫吼一声，做咬人状。梁实秋说：“进入室内，她就倒在我的怀内，我感觉到她的心脏扑通扑通地跳。”

203

梁实秋夫妇谈论死的事情。程季淑的愿望是：“我们已经偕老，没有遗憾，但愿有一天我们能够口里喊着

‘一、二、三’，然后一起同时死去。”梁实秋说：“这是太大的奢望，恐怕总要分个先后。先死者幸福，后死者痛苦。”随后两个人为着谁“先死”争了起来：“她说她愿先死，我说我愿先死。”后来，梁实秋做了让步：“那后死者的苦痛，还是让我来承当吧！”

204

1974年4月30日上午10点半，梁实秋夫妇手拉着手一同走出家门，到附近一个市场准备采买食品。在市场的门前，一架竖着的梯子突然倒下，恰好击中刚刚走近的程季淑。在西雅图近郊槐园桦木区16—C—33墓地，梁实秋安葬了夫人。他又预订了旁边的15—C—33墓地，作为自己的长眠之地。

205

为纪念去世的夫人，梁实秋1974年写出并出版了《槐园梦忆》，他在书中写道：“缅怀既往，聊当一哭！衷心伤悲，掷笔三叹！我希望人死之尚有鬼魂，夜眠闻声惊醒，以为亡魂归来，而竟无灵异。白昼萦想，不能去怀，希望梦寐之中或可相见，而竟不来入梦！环顾室中，其物犹故，其人不存。”

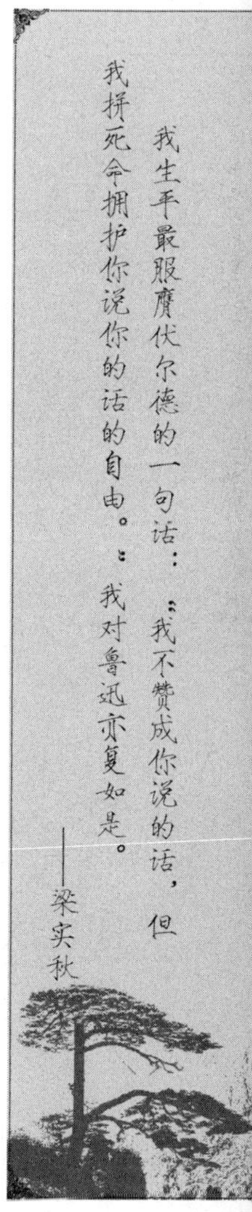

206

梁实秋在想念妻子到达极点时，他就一个人跑到妻子墓前，在一只金属瓶里插好鲜花，然后徐徐灌进清水，低声呼唤她几声，然后把一两个星期以来发生的事情报告给妻子。他说："我默默地立在她的墓旁，我的心灵不受时空的限制，飞跃出去和她的心灵密切吻合在一起……"

207

梁实秋为去世的夫人写了一首诗，他站在妻子的墓前念道：

"绩溪程氏，名门显著，红闺季女，洵美且淑，雍容俯仰，丰约合度，洗尽铅华，适容膏沐，自嫁黔娄，为贤内助，毕生勤俭，穷家富路，从不多言，才不外露，不屑时髦，我行我素，教导子女，正直是务，善视亲友，宽待仆妇，受人之托，竭诚以赴，蜜月迟来，晚营小筑，燕婉之求，朝朝暮暮，如愿以偿，魂兮瞑目。"

208

梁实秋向女儿诉苦说，他的居室现在成了"单身监狱"，《皇冠》杂志曾这样报道他的心情："如今，梁教授孤独而寂寞，他形容西雅图的居所——‘是个单身监狱’。每天清晨4时起身，散步一个小时，然后开始工作，两层楼房，前前后后竟连个说话的都没有，自己随便弄顿午餐，也经常被工作耽误，这样直到午后5时，女婿女儿外孙们回家，他急忙跑出来迎接，一天8个小时的监狱生活，终算结束！”

209

梁实秋和台北远东图书公司建立了密切的合作关系，这家出版社出版了由他主编的《远东英汉字典》《远东英汉大辞典》《远东常用英汉辞典》《远东袖珍英汉辞典》《远东英汉·汉英辞典》《远东高中英文读本》《远东高级文法》等工具书。

210

1974年底，《槐园梦忆》在台湾出版后，成为当年台湾岛上的畅销书，人们赞叹梁实秋对爱情的忠贞、对亡妻的深情。

211

1974年，有一个美国科学代表团到中国访问，团员中

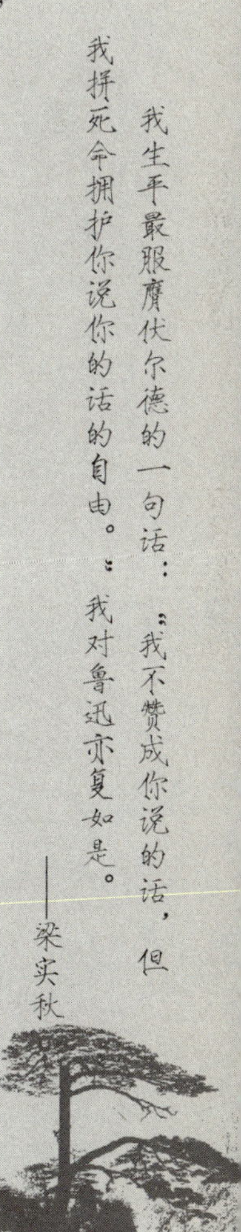

有一位是梁实秋的亲戚。梁实秋怀着侥幸的心理，委托这位亲戚到大陆后寻找一下两个儿女的下落。在清华大学，那位亲戚找到了梁实秋早年的老朋友，知道了他的两个儿女仍然健在的信息。梁实秋在亡妻墓前，老泪纵横地说：“文茜找到了！文骐找到了！”

212

1974年11月27日，台湾著名影星、43岁的韩菁清，与梁实秋相识。71岁的他与仍孤身一人的韩菁清产生了恋情，韩菁清说：“我和他相差三十岁，我们所以深深地相爱，原因在于我们有许多共同点：两个人本性都很善良，个性都很强，而且都富有同情心。我们非常相投。不知道怎么搞的，我喜欢的影星、歌星，也正是他所喜欢的；就连谈字、画，他喜欢的，也正是我所喜欢的。很奇怪，会那么的巧！所以，我们谈得非常投机。我们是同中有异，异中有同。同是根本的。我们有共同的感情，这是最重要的，最根本的。这是爱情的基础。”

213

1975年3月29日，梁实秋从美国再回台湾，行前，他手里拿着妻子程季淑为他织的最后一件蓝色毛衣，问女儿：“文蔷，你说，我要不要带这件毛衣？”女儿说：“不要带，爸爸！一切都存在你心里，就好了。”听了女儿的话，梁实秋竟跺着脚哭着说：“你真是我的女儿！你真是我的女儿！”

214

3月29日是台湾的青年节，梁实秋和韩菁清定于这一天结婚，记者问为什么选在这一天，韩菁清说：“因为梁先生认为他还是青年。”

215

梁实秋的身份证职业一栏，被填写为无业，他说：“北方呼无业游民为混混儿。”为此，他的第二任夫人韩菁清戏作了一首《混混儿之歌》：

大混混儿，小混混儿，谁不是到世界上来混一阵儿？我俩同是天涯无业人，云里来，云里去，各自东西无踪迹。不知是哪一阵风哪一股力使我俩混合为一。就这样，我俩混混儿，混进了礼堂，红烛点燃，喜气洋洋，无业人混得有名堂。他混进了玻璃书房，我混进了迷你厨房，在七重天的小楼上，飘出了书香、墨香、花香、菜香，还有日以继夜的柴可夫斯基和肖邦（按，梁实秋睡觉打鼾极

我生平最服膺伏尔德的一句话：“我不赞成你说的话，但我拼死命拥护你说你的话的自由。”我对鲁迅亦复如是。

——梁实秋

响，此处以交响乐比）。大铁树苗长了十三条叶，小盆里迸出了并蒂紫兰。混混儿的一天有甜有酸，有苦有辣，沾上泪水会咸。大混混儿，小混混儿，就这样永远混下去——没个完。”

216

梁实秋在韩菁清的《混混儿之歌》之后，写下一首《我们俩偎在七层楼上的小鹊巢》：

“重阳何处去登高？摩天楼巍巍峨峨。也摸不到云霄，崇山峻岭，崔嵬崛崎，有一环白云围上楼腰。毕竟是苍冥下一抔土，说什么碧天寥。倒不如我们俩偎在七层楼上小鹊巢，饥来烹菰米、煮藜蒿，闲来歌一曲、唾壶敲，两股柔情，织成一绺，向上飘，飘到九霄云外。这时节天上人间，无与比高。”

217

梁实秋的黄昏恋，在台湾引起轩然大波，他对恋人说：“我早料到我们的结合要轰动一时，要成为新闻，我不怕，希望你也不要怕。我们的爱是光明正大的。”“自从我和你相恋，我认清了无数人的真正的嘴脸。这是什么社会？什么世界？什么人情？！”

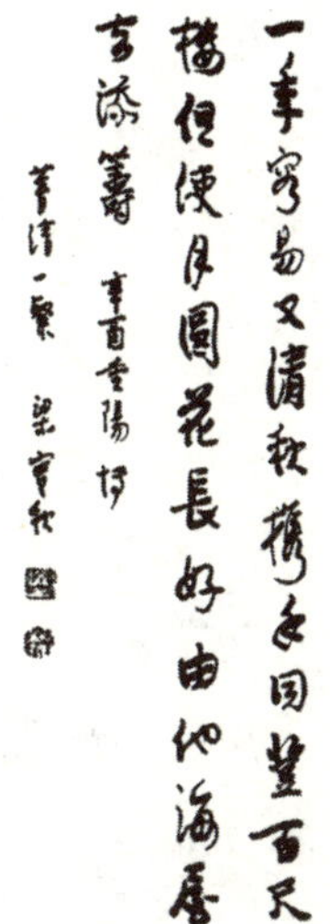

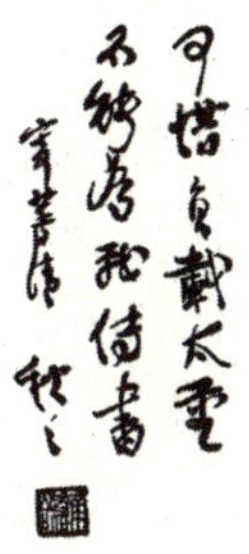

梁实秋给第二位夫人韩菁清写的诗、作的画。

218

梁实秋爱猫，他讲："你若问我为什么爱猫，我也说不出道理。大抵娇小玲珑的动物都可爱。猫若是大得像一只老虎，我就不想摸他。猫一身的温柔滑润的毛，或长或短，摸上去非常舒服。"他给自己的猫取名为白猫王子。

219

梁实秋一生完成过好几项特大文化工程。他花费37年译出了40卷本的《莎士比亚全集》。他翻译的《世界名人

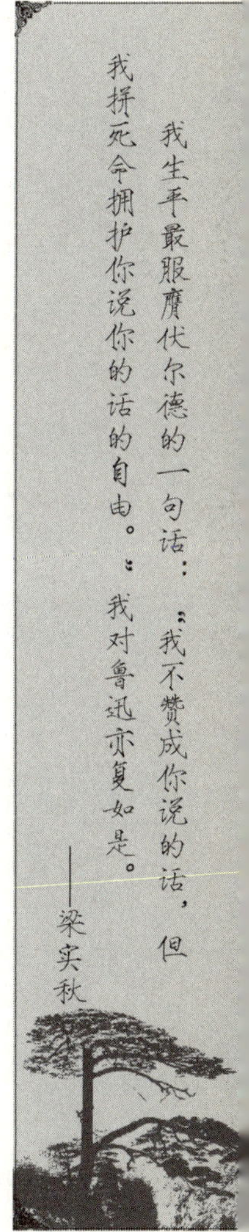

传》，多达124册。他编的各类英汉词典有30多种。编出的英语教材，有数十种。晚年又开始《英国文学史》三卷本的写作。配合《英国文学史》，他还选编了120多万字的《英国文学选》。

220

对于勤奋的人，梁实秋一向怀有很深的敬意，他喜欢清朝山水画家石溪和尚题画的一段话："大凡天地生人，宜清勤自持，不可懒惰。若当得个懒字，便是懒汉，终无用处……残衲住牛首山房，朝夕焚诵，稍余一刻，必登山选胜，一有所得，随笔作山水数幅或字一段，总之不放闲过。所谓静生动，动必做出一番事业。端教一个人立于天地间无愧。若忽葸不知，懒而不觉，何异草木？"

221

梁实秋说："父母的爱是天生的，是自然的，如天降甘霖，霈然而莫之能御。是无条件的施与而不望报。父母子女之间的这一笔账是无从算起的。父母的鞠育之恩，子女想报也报不完。"

222

1976年3月，梁实秋怀念林语堂说：“林语堂死了。我认识的人，一个个倒下去，好像宴席上的客人一个个的起身而去，只剩下自己守着狼藉的杯盘，四顾茫然，纵有山珍海味也难以下咽。”

223

1976年农历腊八梁实秋生日，他在给梁文蔷的信中说：“腊八忘了最好，我根本不要再提生日，提起来我伤心。因为现在没有了妈妈，我的心情变了，我已经不是从前的我。希望你们以后也不要再提起。今年腊八切大蛋糕时，我的泪滚滚而下，但是没有被人窥见，我还放声大笑呢。”

224

关于死亡问题，1978年1月，梁实秋说：“我生日一过，就是77岁了，糊里糊涂弄到了这样的年龄，不堪回首，更不堪前瞻！我近来时常冥想，想人生生死的问题，想来想去觉得自己渺小，任由环境摆布，到了老年才开始认识自己，四顾茫然，悚然以惊。”

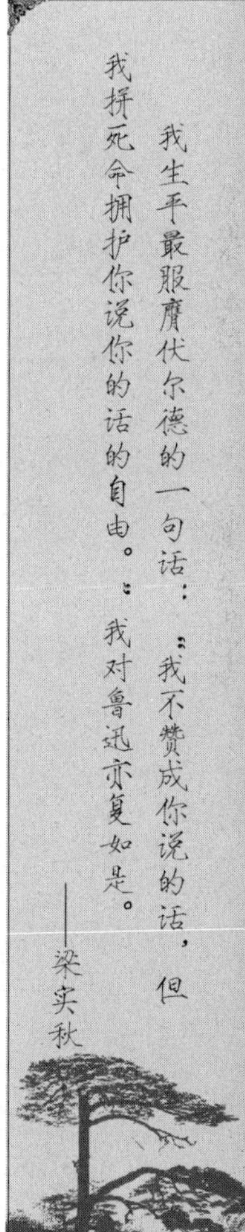

225

梁实秋对女儿说：“我死不能与汝母同穴，将是我一大憾事。人生苦短，如石中火，炯然一现，万事皆空。”在梁实秋入葬时，女儿梁文蔷给父亲的棺柩中放入了三件物品：父母的合照，母亲程季淑的一缕花白头发、母亲去世后父亲经常偷偷抚摸的母亲的半高跟鞋。梁文蔷认为：以此作为陪葬品是再恰当不过的了，我相信爸爸会高兴我做了这个选择。

226

1980年6月，梁实秋在香港第一次见到了儿子梁文骐，他们父子分别已30余年。

梁文骐在父亲去世后，称他父亲为“中学为体，西学为用”的传统的中国读书人。

227

梁实秋晚年患牙疾，1980年11月，他在一封家书中说：“我牙痛难忍，找牙医，他还是舍不得拔，他说下面拔光了固然可补，但不会很理想，能忍耐还是忍耐，给我刮洗了一阵子（好痛），今痛渐止。苦也，苦也。我如

今吃烂东西，吃肉末，菜泥。很像是一个标准的老者！可笑。”

228

1982年6月，55岁的梁文茜到美国西雅图市，与父亲相见。父女离别时，她才22岁。梁文茜说：“30多年的离别之苦，一时就化为流着眼泪的欢乐。我带给他一幅老舍夫人写的‘健康是福’四个大字，他很喜欢，拿回台湾在《联合报》上刊出了。短短两周时间，转眼即逝，这次却是爸爸送我上飞机，飞机快起飞了，我们像有许多话咽在喉头说不出来，爸爸一直送我到机舱门口，再不能进去了，他手扶着飞机门框，又沉重地对我说了一句‘保重’。这是我最后听见爸爸的声音，充满了感情的声音，我永远不能忘记的声音。”

229

梁实秋说：“我这两星期，精神十分紧张，因为文茜整天整晚盯着我讲话，她想把30多年的话都一股脑儿说出来。”29日，女儿梁文茜还有几天就要离开父亲回大陆了，梁实秋说：“现在她只有3天好勾留了，提起来她就流泪，我劝她不必如此，以后还得再见，其实我心里明

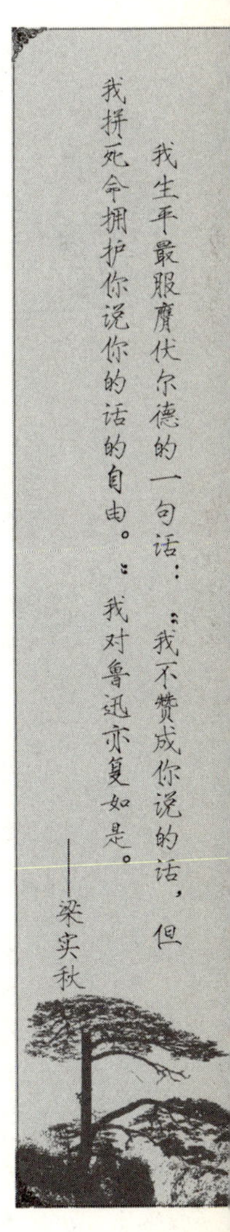

白，以后很难说了！元人有一词云：‘幸遇三杯酒美，况逢一朵花新，片时欢乐且相亲，明日阴晴未定。’我这一个月，感受复杂，一言难尽。午饭后她们姐妹谈了好久，一把鼻涕一把眼泪，我因耳聋，似懂非懂的以苦脸相陪。再过两天就风流云散了，着实也是凄怆。”

230

梁实秋想念故乡北京，他给女儿梁文茜写信，提出一个古怪的要求：“给我带点豆汁来！”梁文茜没办法办成这件事，她只能给父亲说：“豆汁没法带，你到北京来喝吧！”女儿寄去一个包裹，是父亲喜爱的北京良乡栗子，由于邮递时间过长，打开邮件，栗子已经生毛，不能再吃了。

231

1982年秋，梁文蔷到北京探亲，她回台湾时，梁文茜在北京内务部街20号故居的一棵枣树上剪下一束枣枝，交妹妹带给父亲。在台北，梁文蔷把这一特殊礼品送给父亲时，他兴奋得热泪盈眶，他见上面还有一个枣，带着好几片叶子，仍是青绿，急忙插进了书房的花瓶里。他说：“这个枣子现在虽然只是一个普通干皱的红枣的样子，却是我唯一的和我故居之物质上的联系。”

画家况晗所绘的北京胡同最能表现梁实秋笔下的故土怀念意境。

232

北京中山公园（原名中央公园）的四宜轩，是梁实秋与程季淑的恋爱之地。他给女儿梁文茜提出一个要求：“你到中央公园去，给我拍几张四宜轩的照片来！”她跑遍了中山公园没有找到，后来次女梁文蔷去北京探亲，也是找不到，梁实秋在信中大发脾气说：“两个笨蛋！四宜轩怎么会没有了？四宜轩在一个小岛上。即便四宜轩没有了，小岛总还在吧，那就拍几张小岛的照片给我！”两个女儿第三次到了中山公园，在“中山公园游览图”上细心一看，园内果然有一小岛，小岛上标着“四宜轩”三个

我生平最服膺伏尔德的一句话：我不赞成你说的话，但我拼死命拥护你说你的话的自由。我对鲁迅亦复如是。

——梁实秋

字，小岛上一个古色古香的小榭。经向老北京请教，才知道小榭就是四宜轩。只因年代久远，当年写着“四宜轩”三字的横匾不在了。梁实秋收到照片说：“倘若我回到北京，我第一个要去看看的地方，就是四宜轩。”

233

梁文茜去青岛，站在海滩上，她以大海蓝天为背景拍了张照片，寄给了父亲，并给他寄去了一瓶海滩上的沙子。梁实秋摸着沙子，两行热泪夺眶而出。

234

梁实秋在1983年9月21日给梁文蔷的一封信中说：“我是一个Family man爱家庭的人（爱父母妻室儿女的小家庭，不是大家庭），我就怕离家，离家就惶惶然，不过因此就缺乏冒险进取的精神，一辈子庸庸碌碌老死于牖户之间。”

235

1986年8月，梁实秋在重版《偏见集》的序言中说：“回顾数十年来所谓文坛上的风风雨雨，实际上是以政治企图控制文艺所引来的骚扰。野心家可以声势浩大地喧腾于一时，文学终归是文学，空嚷无益。没有文学家肯被长久的拘囿于一个狭隘的政治性的框框之内，文学家要自由，自由发挥人的基本人性。”此前没有人能像他这样把人性与文学的关系强调到如此地步。

236

1986年10月13日，柯灵在《文汇报》发表题为《现代散文放谈》的文章，指出：“梁实秋的这一席话之所以爆发为一场轩然大波，原因不难理解。梁实秋一直是左翼文坛的论敌，虽然到了应该一致对外的抗战时期，看来彼此都没有消除宿怨，说这番话的场合又是国民党的《中央日报》。但如果撇开这些政治、历史和心理因素，完整地理解前面引述的那段文字，却无论怎么推敲，也不能说它有什么原则性错误。把这段文字中的一句话孤立起来，演绎为‘抗战无关论’或‘要求无关抗战的文字’，要不是只眼见事，不免有曲解的嫌疑。”

文章还说“抗战期间，一切服从抗战需要是天经地义，但写作只能全部与抗战有关，而不容少许与抗战无关，这样死板的规定和强求，却只能把巨大复杂、生机活泼的文化功能，缩小简化为单一的宣传鼓动……我一直怀疑这种褊狭和机械的办法，是否真正有利于抗战。”

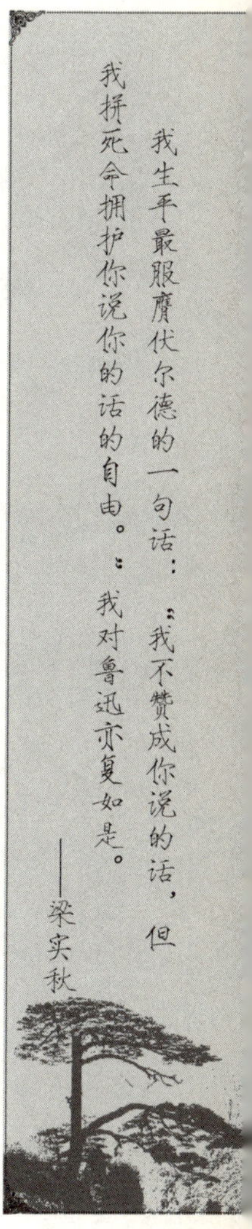

柯灵的文章引起了海内外广泛注意，以致台湾有人认为这是给梁实秋“平反”。1989年《新文学史料》刊载《梁实秋传略》，对柯灵的文章表示赞同，认为该文澄清了当年的那场笔墨官司。

237

在中国现代文学史上，只要提起人性论就会让人想到梁实秋，他挑起的关于人性与阶级性的论争，是现代文学史上极富挑战意味的理论课题。当时的论争似乎以左翼文学阵营的胜利而结束，但并不意味着问题已经得到了完满解决，在此后的文学发展中，这个问题仍反复萦绕于文坛。

238

梁实秋说：“文学的精髓在其对于人性之描写。人生是宽广的，人性是复杂的，我们对于人生的经验是无穷的，我们对于人性的了解是无穷极的，因此文学的泉源是永远不竭，文学的内容形式是长久的变化。伟大之文学家能洞悉人生的奥秘，能彻悟人性之最基本的所在，所以文学作品之是否伟大，要看它所表现的人性是否深刻真实。文学的任务即在于表现人性，使读者能以深刻的了解人生之意义。”

239

1986年2月梁实秋告诉女儿梁文蔷：“我期望你在我故后写《回忆录》，巨细靡遗，要亲切真实。你这样做会减少对我的哀思。你母逝后，我痛不欲生，急写《槐园梦忆》，顿觉稍减心中痛苦。”

240

梁文蔷在《长相思：槐园北海忆双亲》中记述了梁实秋在家信中悼念亡妻程季淑的内容：“你妈妈精神物质均已不存在，思之惨然。我每日静时，至少落泪一次。”“我时常在家里没人的时候，或散步时，放声大叫你妈几声，没人回应，好不惨然！她逝去将近三年，创痛犹深也。”“我的泪已经哭干了，幽明永隔，此恨绵绵，永无绝期。”“我的心痛极了！我把《槐园梦忆》里的事，一幕一幕重温一遍，不禁老泪纵横矣。我会以冥想，沉思，读书，写作消磨漫长的时间，我会一个人在屋里自言自语，我会在旷野无人的地方，高声喊叫我失去了的爱人的名字！我时常觉得我是一个丧家犬，又像是失群的野兽，又像是红尘万丈中的一个落魄的行脚僧。”

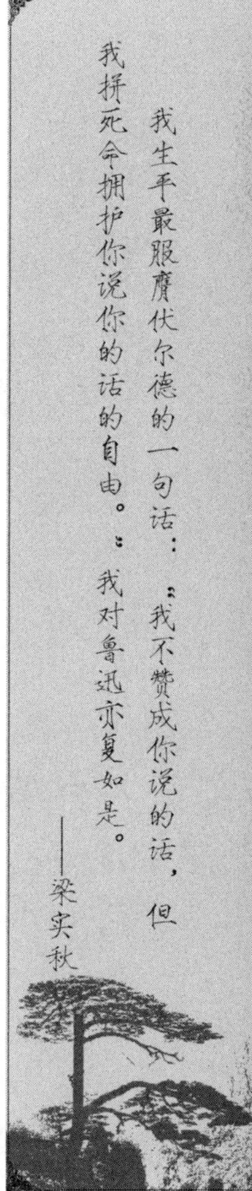

241

1987年4月，台湾《联合报》主编访问梁实秋：“您对已过去的85年有无遗憾？”梁实秋说：“人生焉得没有遗憾的事？按照‘不如意事常八九’的说法，遗憾的事可就多了。我不那样悲观。”他列举了5条引以为憾的事情：

“一、应该读的书没有读，应该做的事没有做，岁月空度，悔已无及。

二、有机会可以更加亲近的大德彦俊，失之交臂，转瞬间已作古人。

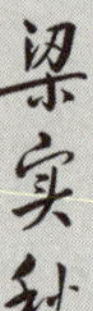

梁实秋先生八十晋五寿宴与第二位夫人韩菁清女士。

三、对我有恩有情有助的人，我未能尽力报答，深觉有愧于心。

四、可以有幸去游的名山大川而未游，年事蹉跎，已无济胜之资。

五、陆放翁‘但悲不见九州同’，我亦有同感。”

主编问：“现在您最希望的事是什么？”“如今我最希望的事只有一件：国泰民安，家人团聚。”

242

韩菁清认为：梁实秋血型属A型，所以细心、温柔；而她自己是O型血型，豪爽、刚强，甚至带有男性的脾气。但由于柔能克刚，因而被他克了。

243

1987年春节初一那一天，84岁的梁实秋在吃饭时不小心，咔嚓一声，咬掉了一颗门牙，尽管是假牙，也使他感到是不吉之兆。他请人给算了一卦，算卦人说，八十六是一关。

244

1987年11月1日晚，梁实秋忽然感到心脏不适，被送往医院，韩菁清为了调节紧张气氛，拿出了当天的报纸，

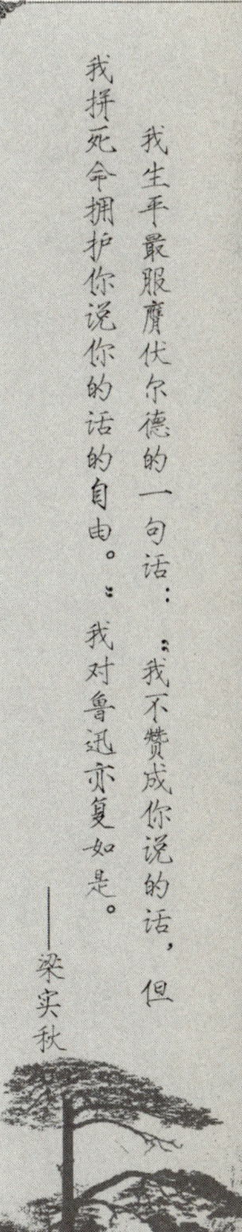

告诉梁实秋，他们的好朋友邱彦明获得了当年的“金鼎奖”。梁实秋说：“我得心脏奖”。第二天梁实秋去世，享年84岁。

245

韩菁清花23.7万元台币，为梁实秋制作了一口红木棺材，还为他订做了春夏秋冬四套真丝寿衣，分别为黄、黑、灰和咖啡色。他身穿四季寿衣，枕着绣花枕头，盖着绣花被，身旁放着文房四宝和《雅舍小品》《白猫王子》《槐园梦忆》等著作。

246

梁实秋去世后，韩菁清写了《几生修来不渝的爱》《我现在唯一的安慰就是默念你》两封信，焚化于丈夫墓前。其中有这样一些话：

秋秋：

我又在心底轻轻地呼唤着你，不管你听得见或听不见。每天一睁开眼睛，所见到的都是你的照片，用手接触到的，哪怕是一支笔、一张纸条、一盏灯，甚至于电话听筒，上面都有你的手印，都有你极深刻的影子存在，我怎么能忘得了呢！

明知道你离开我快九个月了，我的心却离你越来越近。我现在唯一的安慰与快乐，就是在默念你和回忆我们共同在一起的美好时光，你留给我的回忆是甜蜜的，虽然它增添了我现时无限的辛酸，可是我愿陶醉在回忆中，这就是所谓的‘自我陶醉’吧？

你也劳苦了一辈子，这个世界上，很少的人像你那样，样样精通，学贯中西，而且一辈子做学问，坚强又有毅力，从不骄傲自满。我此生何幸嫁得如此可敬可爱的如意郎君？你说你娶我是几生修来，我现在想想，我才是几生修来！

我不是你初恋的情人，我是你最后的唯一所爱，我好满足，好满足，你有了我永远不会再有别人了！

你也不是我初恋的情人，但是，你是我唯一的‘敬爱的丈夫’，我永爱你，‘至死不渝’！”

247

2004年11月，海峡两岸梁实秋研究学会成立。季羡林说，海峡两岸梁实秋研究学会的成立，必将推动对一代散文大师、著名批评家、翻译家和教育家梁实秋先生的研究，增进海峡两岸人民的文化血脉联系。

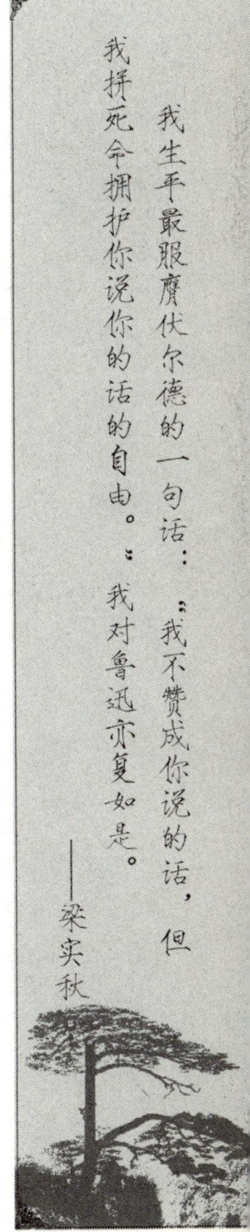

248

梁实秋的著作，据统计，共41种，有32种是在台湾写作及出版的。翻译28种英译中作品，也有12种是在台湾写作。梁实秋在台湾生活了39年，著作不辍，在他故世前两年，还出版了3册英国文学史、3册英国文学选、4本散文集、两本译作，这在文学史上并不多见。

249

梁实秋过世以后，台湾的《中华日报》举办了梁实秋文学奖。《光华》杂志、九歌文教基金会、台湾师范大学则举办了“纪念梁实秋百岁冥诞：梁实秋学术研讨会”。诗人余光中编《秋之颂》，是一个纪念集。

正中平和　宽大为怀

——梁实秋先生的人生对我的启发

我儿子的名字叫蒋宽，字正中。著名书法家庞中华先生1996年的一天来我家中，当他问起我儿子的名字时，立即引起了极大兴趣，他提笔写下八个大字："正中平和，宽大为怀。"这八个字正是对我为儿子所起名字的最好解释，也正是我对人生的思考、对儿子所寄予的希望。我没想到的是，这八个字也正是对梁实秋先生一生的写照。梁实秋先生的生涯很值得研究，他一直居中思考问题，不偏不倚，不左不右，是"极高明而道中庸"的典范，这一人生经验，越是在其中年之后，就越是显示出他的魅力。这是梁实秋先生人生幸福的核心所在。

读完这本书的朋友，一定会赞叹梁实秋这一生所获得的重要成就。他独自一人用几十年的时间，翻译了莎士比亚全集几十卷；翻译了一百多卷的世界名人传；编撰了各种各样的英汉辞典，以适应社会各方面的需求；又写出了“雅舍”散文系列……可以说，上述每一项工作，都需要付出巨大的努力，都是令人望而生畏的事情。而梁实秋呢，却总其成，他具有如此大的精力和创造力，真是不可思议！正是这个原因，他被台湾誉为“当代孔夫子”。获得这个赞誉的人，在1949年之后的60余年中，大陆竟无一人。大陆60余年为什么没有诞生梁实秋这样的“当代孔夫子”？这一点不得不让人思考。

科学家钱学森在去世前，对前来看望他的温家宝总理提出了新中国建立几十年来，为什么未诞生大师级学者的问题，这个“钱学森之问”，直接瞄准了我们今天的体制问题。与梁实秋同时代的学者在大陆有很多，他们的刻苦精神、创造能力、人格修养和世界眼光，都与梁实秋不分上下。而在大陆的这批学者，都在历次政治运动中被打倒了，甚至被逼自杀，他们哪里还有心思去做创造性的工作？能躲过这些运动、灾难，已是万幸。

即便到了改革开放以后，大规模政治运动虽然不再进行，但是搞运动的思维方式，仍然不时以别的面目出现，人们至今仍是心有余悸，身在体制内的专家学者，更是不敢自由、独立地发表自己的观点，为此，著名漫画家丁聪还创作过这方面的作品。人们内心深处的创造潜力，仍然没有被激发出来，我们的禁区太多，思想僵化，人们不敢去想，不愿去想，否则动辄得咎，多干不如少干，少干不如不干。

所以，中国至今仍是以模仿别人为主的“制造大国”，从“中国制造”走向“中国创造”，仍有很长的路要走，这个“创造”不单单指自然科学方面，还包括社会科学方面。我们这两个方面的创造力，与世界发达国家相比，都还差之很远。这正是“钱学森之问”的时代背景，也正是大陆在过去60多年中未能诞生像梁实秋这样的“当代孔夫子”的原因。

梁实秋之所以获得如此大的成就，与他不当官有关系，他有时间做自己喜爱的事业。他在1949年之前，在大陆国民党统治时期，以及1949年之后在台湾，他完全有机会、也有能力走上官场，但由于他厌倦官场习气，厌倦那无聊的官话、套话和应酬，他主动选择了回避和放弃，这使得他能够心定气闲、聚精会神地从事他最喜欢的文化事业，而没有浪费宝贵的时间，更由于他排除了政治纷争的扰乱，使得他极少有人事斗争中的矛盾，这样使他少了许多人生的烦恼。正是在这种安静的环境、优雅的心境中，他才能日积月累地一天天进步着，他才能够完成那几项重大文化工程。没有这种耐得住长期寂寞的毅力，其成就根本不可能实现。而大陆这几十年呢，学而优则仕，在文化

我生平最服膺伏尔德的一句话：“我不赞成你说的话，但我拼死命拥护你说你的话的自由。”我对鲁迅亦复如是。
——梁实秋

上、科研上刚刚有所成就的人，基本上都去当官了，官场的应酬、纷乱的活动，使他们疲于应付，哪里有更多的时间去搞自己的专业呢？所以，其成就大小不言自明。

历史是无情的，一个人的人生是有限的，这有限的生命，在无情的历史转折面前，稍不留神，便会一脚踏进另外一个天地。历史的惯性，很难刹住车，一个历史周期往往需要10年、甚至更长时间，才能调整过来。车刹住了，车调过头来，沿着正确的道路再继续前行时，时代已经更新，而车里的人已垂垂老矣，人生不可能重新再来一次。在1949年那个新旧交替时期，很多著名学者，由于对国民党一党专政的不满，由于对中国共产党建立的新中国充满了期待，而留在大陆。更有一些学者从海外归来，积极投身新中国建设。但是，事与愿违，新中国的新气象未过几年，便开始了无休无止的阶级斗争，这种斗争，其实到1992年邓小平南巡讲话之后，才算基本上刹住了车。正是基于这种比较，才更能看出梁实秋的独到之处。其高明，在于他用普世价值的人性论，作为大坐标，来对未来社会发展走向，安装好了人生汽车的卫星导航GPS，使他在大乱荡、大变革中，未曾迷茫、未曾走失。他是一个真正的理智者，他这一生的成就，主要集中在台湾这一时期，便是因为这个理智、这个大智慧而诞生的自然而然的事情。

所以，在今天我们无论身处何方，无论遇到多少绚烂的光环场景，都不要热昏了头脑，不要盲从，不要飘飘然，要站在人性的角度，去丰富自己独立的意志、自由的思想。

梁实秋在1919年五四运动时期，对群众运动弊端的认识，十分超前，这时他还不到20岁。群众运动的盲目性、情绪化、失控所带来的破坏力，对正常社会发育是不利的，他在这方面的很多真知灼见，不幸都被几十年后大陆搞的历次群众运动所验证。今天，我们应吸取这方面的教训。

梁实秋的散文，具有永恒的人性美，它超越了党派之争，因为他不是为了某个意识形态而创作，更不是为一个特定时期而写的应景之作。所以，当一个时期成为过眼云烟之后，当那些反映阶级斗争的文章过时之后，人们突然发现，时髦的、一时热闹的作品，成了短命之作。而梁实秋的以“雅舍”为代表的散文，却因为对一个时代的超越，而成为不朽之作。他没有激进，所以，他也没有勇退，他是“极高明而道中庸”，还是梁实秋看得远、看得深。

梁实秋有一失误，就是他在年轻气盛的时候，在30岁左右之际，陷入了与鲁迅的一场争论，擅长讽刺的鲁迅，给他定下了资本家的“乏走狗”这一概念形象，使他一生

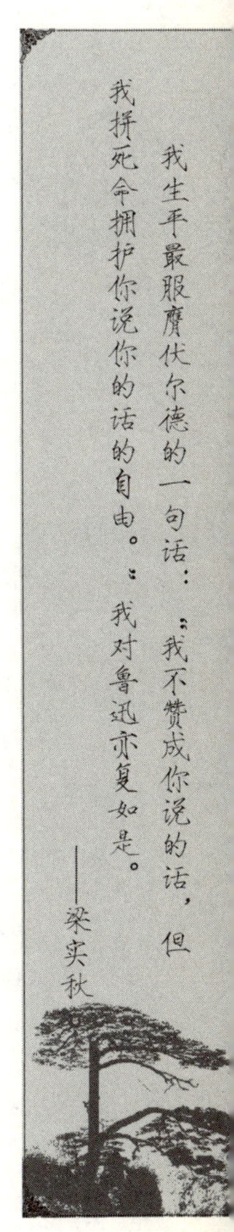

背负了这个不好的文化符号，而长期造成人云亦云、不明真相者的误解。抗战爆发后，他又与左翼作家发生了“与抗战无关论”的争论，这个争论引起了人们对他更大的误解。

上述两个争论，对梁实秋是有伤害的，他后来汲取这些教训，因祸得福，再未发生这类涉及政治话题、容易引起误解的争论，而是实实在在干出一些文化工程来，用事实、用成果来说话，其“雅舍”散文的风格，也正是有了这种争论后的反思而诞生的一种超然的意境。此后，他少了很多斗争的火药味，而增添了更多的典雅温润、古朴气质，这种做人为文的风格一直坚持到晚年。

所以，我们今天应倡导多做事、少争论、最好不要争论。空谈误国，实干兴邦。回想当年因梁实秋而引发的两次论战，今天越来越感到大多是无聊的话题，误解多于理解。

一个人所接受的教育程度，对其一生有着奠基意义的作用。梁实秋在清华学校读书8年，这所学校即是在20世纪20年代成立的清华大学的前身。因清华与庚子赔款有关，与中华民族的国耻有关，所以，在该校的血液里，注入了救亡图存、复兴中华的历史使命。这里的学生，由于所学都是向西方发达国家学习，为此，中学为体、西学为用的思想，在学生中有很大的影响，当年清华的校歌中，就明确提出了东方、西方两大文化，要相互交流融合的理念，“自强不息，厚德载物”的清华校训，更将清华的精神比较完整地进行了解释。因此，清华大学的师生，便有了担当历史重任的强烈责任感，有一种天下兴亡、匹夫有责、舍我其谁的气派，有一种领袖意识。这种意识，对梁实秋以及他的同学们，犹如强心针，使他们能对自己的信念坚守一生，并为之奋斗不息，其成就之获得，便是一种必然，而非偶然。

再加上清华学校这批学生，成批地赴美国留学，而且上的都是第一流的学校，所学专业、所拜老师，都是世界一流的学科和专家学者，他们的眼光和胸襟，自然与众不同，更与那些未留过学、未接受过世界眼光教育的人，有较大的差别。

但是，当超越一个时代、再回望过去的历史时，你就会发现，本土学者的思维方式有很大的局限性，他们总是强调中国国情、中国特色的特殊性，而没有“海归”思维中的普世价值、人类社会的共性规律。

梁实秋正是从人性这一普世价值，很好把握住了自己人生汽车的方向盘，他的这辆品牌为“人性”的高级汽车，越开越有后劲，而他的同时代的那些品牌为“阶级性”的国产汽车，开到半路，便开不下去了，因为汽车的

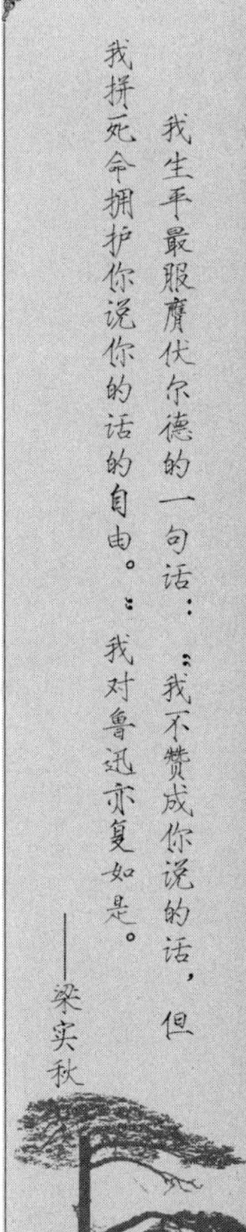

油箱坏了，汽车的零件不是这个出了毛病、就是那个有了故障。

所以，在求学时代上一所中国的好大学，或者去国外留学，安静地读书思考，并行万里路去开阔眼界，十分重要，这是人生起步之始。在人生历程中，聆听大师教诲，与著名学者交流，对升华自己、形成一个思想体系，极为关键，这是一个思维高度的开始。用普世价值眼光观察问题，会帮助你拨开云雾，明确前进的方向，而不会迷路。将普世价值与中国国情、中国特色相结合，便会将遥望星空与脚踏实地完美结合起来。